仕事がスムーズに進む

法務の社内調整術！

弁護
一郎

学陽書房

はじめに

「法務は話が固くてわからない」

「つべこべ言わずに契約書のチェックだけしてればいいんだよ」

「ビジネスがわからないなら会社に法務がある意味が無いだろう」

法務の仕事を、辛く言われることはありませんか？　自分は一体、何のために仕事をしているんだろう、と淋しくなることはありませんか？

法律の専門知識を勉強することが、その淋しさを打ち消す1つの対策です。これは、当然のことです。会社の状況に応じて必要な理論武装をし、会社を守ることができれば、1つの役割を果たすことになりますから、専門知識を身に付ければ、少しずつ確実に仕事の手応えや会社での居場所を確保できます。

けれども、それだけではありません。

法務だけで抱え込むのではなく、他部署の皆と一緒にやることがたくさんあるからです。皆を巻き込み、上手に役割分担をし、一体感と突破力を高めていくことも重要で、それができれば、法務のできることや存在意義も大きく飛躍します。つまり、コミュニケーションが重要なのです。

本書は、法務のコミュニケーション力を高め、調整能力を高め、仕事をスムーズに進めることを目標にします。

実際に本書を眺めてもらえばわかりますが、各項目は誰でも実践できる簡単なノウハウです。できることから実践してください。コミュニケーション力や存在意義が高まっていくことを実感できるはずです。

例えば、2章は「他部門とのコミュニケーション」です。

法務にとって「お客さま」は他部門ですが、その「お客さま」から仕事を押し付けられるような関係から、「仲間」として一緒に仕事をつくり上げていく関係になることができます。そのための、上手なコミュニケーションのノウハウを紹介しています。

また、3章は「法務部長とのコミュニケーション」です。

上司とのコミュニケーションを円滑にして、上司を味方にし、上司を自分のツールとして使いこなすためのノウハウを紹介しています。

その他にも、法務が悩みがちな、経営陣や部下・後輩、社外の方とのコミュニケーションのノウハウを、4章から6章で紹介しています。

そして、最後に紹介することになってしまいましたが、冒頭の1章で、法務の存在意義を確認します。法務の仕事や役割は何だろう、など、自分自身をしっかりと見つめて確認しておくことが、他の人達との距離感や接し方を決めるためにとても大切です。まずは、コミュニケーションのための足場づくりから始めましょう。

各項目4ページです。通勤時間や移動時間に、気になるところをさっと読んで、すぐに実践できる内容です。気楽な読み物として、困ったときのヒント集として、自由に活用してください。

著者

第2章 他部門とのコミュニケーション

第3章 法務部長とのコミュニケーション

第4章 経営陣とのコミュニケーション

第5章 部下・後輩とのコミュニケーション

第6章 社外とのコミュニケーション

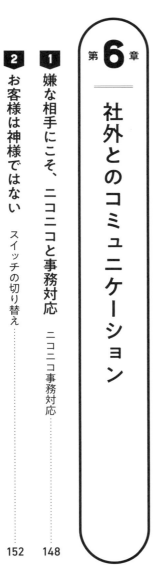

第1章

法務における
コミュニケーションのきほん

1

法務は会社を強くする仕事

コミュニケーションで会社を強くする

会社を強くする仕事

近年、経産省が法務機能強化を唱えるなど、企業内における法務部の役割が注目され始めました。

ところで、会社は儲けるために存在します。「企業の社会的責任」が様々な観点から議論されますが、まずは儲けられなければ話が始まりません。そのために、会社は、リスクを取る必要があります。リスク無しに利益は無いからです。しかも、博打ではないので、十分リスクコントロールしてから決断する必要があります。

法務部は、リスクの中でも、会社業務全般に関わる法的リスクに関し、会社にリスクを気付かせ、会社にリスクコントロールさせ、決断できるお膳立てをします。会社自身がリスクコントロールすれば、会社が強くなりますから、法務部は会社を強くするのが仕事、と評価できます。

けれども、法務機能強化がわざわざ唱えられるということは、未だに多くの会社が法務部を活用しきれていないことを意味します。

法務部が活用されていない理由を、確認しましょう。

ただの社内手続きなのか？

一つ目は、法務部門が社内手続きのための書類を審査しているだけ、というイメージが多く残っている点です。

例えば、取引先への費用を支払う際に、社内手続上契約書の添付が要求される場合があります。リスクコントロールの観点から見ると、契約書が作成されている点で、それが要求されない場合よりも遥かに好ましいのですが、逆に、契約書さえあれば良い、となってしまい、形だけ整える運用になってしまうのです。

このような運用になると、法務部は、「契約書」という必要書類の書式や内容を審査し、認証するにすぎない部門、となってしまいます。

ただのブレーキ専門部門なのか？

二つ目は、法務部門は「牽制」専門部門、というイメージが多く残っている点です。例えば、法務部は色々なリスクを指摘しますが、具体的にどのように対応すべきなのか、何も指示しません。代替案を示さずに反対意見しか言わない法務部は、ビジネスを一緒に行う仲間とみなされないのです。

そうすると、法務部は、後から検証する監査部門と非常に似た部門だと感じられます。そして、せっかく準備している仕事にストップをかける点では、監査部門よりも仕事に与える影響が大きくなりますから、事業部門にとって法務部は監査部門以上に手強い相手なのです。

コミュニケーションが大事

法務部は、この二つの誤解を解くために、ビジネスを動かす側が自分で責任をもって判断する状況をつくり出すことが必要です。本来、契約書はリスクコントロールのツールで、社内申請書類ではありません。また、自分でリスクコントロールすべき部門が法務に代替案を求めるのは、筋違いです。

この誤解を解くためにも、コミュニケーションが大切なのです。

調整術のきほんの「き」

会社自身がリスクコントロールして決断できるようにするために、法務部が活躍します。その重要なツールが、コミュニケーションです。

2 法務の二つのコミュニケーション能力

なぜ二種類なのでしょうか？

私の経験からお話しましょう

前のテーマ（1章1）で、法務部にとって、コミュニケーションは会社を強くするための大事なツールだと説明しました。

是非、コミュニケーション能力を高めて、会社を強くすることに貢献して欲しいところです。そのために必要な法務のコミュニケーション能力には、大きく分けると、この後のテーマ（1章34）で検討するように二つあります。一つ目は「シールドを張る正確な表現力」、二つ目は「イメージを共有するビジュアルな表現力」です。

ここでは、この両方が必要であると考えるに至った経緯を、社外の法律事務所から社内弁護士に転職し、法務部と一緒に仕事をするようになって私が感じたことを踏まえ、お話しします。

現場を信用できない、という発想

経緯の一つは、私自身の問題によるものです。現場を育てようという意識の欠如です。

法律事務所時代、顧客のためであれば、たとえ雑用のような仕事（例えば、ワード上の、書式もバラバラなデータを、エクセルに移しながら書式を統一する作業）でもやってあげることが大事でした。法律事務所に対する会社の依存度を高め、顧客をしっかりと掴むことにもつながります。

そこで、会社でも同じことをしたところ、当時の法務部長から、それでは現場が自分で考えなくなる、と注意されました。しかし、私は、現場に任せると会社のリスクが減らない、現場に代わってシールドを張り、リスクを減らしているのだ、と反感を抱きました。

ところが、自分が法務部長になると、この言葉が正しかったことがわかり始めてきました。リスクから会社を守るための「シールド」だけではなく、社員全員の感度を上げ、会社自身のリスク対応力を高めるためには、社員の自覚や意識を高める必要がありました。そして、そのために最も重要なことが、社内でのコミュニケーションだったのです。

現場に付け込まれないように、という発想

経緯のもう一つは、法務部員による現場へのサポート意識の欠如した言動です。

これも、私が経験したことです。これまで説明したことと全く逆に、「事業部門に対するサービス精神を持つべきではない」「事業部門は自分に都合の良いところだけ切り取って、『法務部が言った』と悪用する」「事業部門に都合よく使われて責任だけ押しつけられることがないように、スキを見せてはいけない」という法務部員の言葉をよく聞きました。

けれども、これも間違いです。事業部門のせいにするだけで、コミュニケーション

を避け、会社全体のリスク対応力をむしろ低下させているのです。

コミュニケーション能力の重要性

現場を信用しない（前段）、現場を警戒する（後段）、いずれも冷静に見れば、法務と事業部門の関係として、いびつであることがわかります。簡単に妥協できないとは言え、コミュニケーションを良くして適切な関係をつくることは、会社のリスク対応力を高めるために重要です。

調整術のきほんの「き」

法務部も、社内でのコミュニケーションが重要です。これが欠如したり、間違えたりすると、法務部の本来の力を発揮できません。

3

シールドを張る法務の正確な表現力

防衛力が基本的な能力です

一つ目のコミュニケーション能力

ここでは、法務部に必要な一つ目のコミュニケーション能力を検討します。

これは、法務と聞いて一般に人々が連想するコミュニケーション能力です。

それは、正確で隙が無く、人によって解釈が違う危険性や、それによって攻撃される危険性の無い言葉でコミュニケーションする能力です。

つまり、シールドを張り、リスクから防御するような言葉や文章でコミュニケーションする能力です。

文書によるシールド

ではどのようなシールドを張るのかと言うと、一つ目は、文書です。

典型的にわかりやすいのは、契約書です。契約書の言葉や表現が曖昧であれば、トラブルを避けるはずの契約書が、逆にトラブルの原因になってしまいます。そのようなことの無いように、契約書の文言や表現には神経を使います。

また、意見書も重要です。意見書は、法的な問題に対して弁護士の見解をもらうものですから、シールドとなる文章を作成するのは弁護士の仕事です。けれども、これを活用する法務部にも、シールドを張る能力が必要です。それは、会社の業務のどこが弱くて、どこに意見書のシールドを張るべきかを見極め、しかもどんな意見書でも良いのではなく、その弱点に合ったシールドをオーダーメイドでつくってもらわなければなりません。出来上がった意見書のチェックも必要です。

口頭によるシールド

二つ目のシールドの張り方は、口頭です。

例えば、苦情客やクレーマーへの対応を考えましょう。私自身、弁護士登録以来、東京弁護士会民事暴力対策特別委員会の委員として反社会的勢力対応に取り組んでいます。社内弁護士時代も、苦情客対応の社内対応のエスカレーションの終着点として、実際に苦情客や反社会的勢力と対峙してきました。終着点と述べたのは、私でも対応できないと判断すれば、弁護士、警察、裁判所などの外部の力を借りる手配をする、つまり社外の専門機関の力を借りた解決に移行するからです。

そして、実際の苦情対応では、何か一発で相手を黙らせるような必殺技などなく、相手に隙を見せずに着実に相手の主張を一つずつ抑え込んでいきます。詳細は、他のノウハウ書や本書6章に委ねますが、コツは、シールドを張りながら、逆に徐々に相手を追い詰めていくことです。

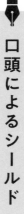

法務部の基礎的能力

弁護士が司法試験や研修所での研修を通して学ぶことは、裁判に関連して作成される文書の作成方法です。もちろん、前提となる法規範・事実・証拠の収集・評価・事件の見極め・対応方針の立案、まで含まれますが、裁判はある意味で喧嘩ですので隙の無い文章が重要となります。

ここからもわかるように、シールドを張る能力が、法務部の基礎的能力なのです。

調整術の
きほんの「き」

必要とされるコミュニケーション能力の一つ目は、シールドを張る能力です。
揚げ足を取られないように、正確な言葉を使いこなします。

4

イメージを共有するビジュアルな表現力

現場とイメージが共有されていますか？

二つ目のコミュニケーション能力

ここでは、法務部に必要な二つ目のコミュニケーション能力を検討します。

これは、前述の一つ目（1章3）と違い、法務と聞いて人々が普通「連想しない」ようなコミュニケーション能力でしょう。

つまり、イメージを伝えて共有するためのコミュニケーションなので、多少隙があったり、多少不正確であったりしても構いません。

この能力の目的は、イメージを共有する仲間を増やすことによって、組織全体の防衛能力を高め、組織をリスクから防御することです。

組織防衛という視点

最初に、なぜイメージを共有すると組織全体の防衛能力が高まるのか、という点を確認します。

そのためには、まず会社組織を人体に例えます。

人体の表面（皮膚）には神経が張り巡らされています。それにより、例えば蚊に刺されたような極めて繊細な情報まで、脳が把握します。これがあるから、怪我や火傷が発生したり大きくなったりする前に対策を講じることができます。

会社も、社会に接するのは全社員です。会社内部の仕事をしている人も、その業務に関して社外の業者を使うことがあるでしょう。

したがって、全社員がリスクを感じ取る必要があります。

ただし、それは国際的な贈収賄の規制の動向のような難しいことでなく、例えば納入された原料の品質がいつもと違う気がする、という普段の業務の延長で十分です。逆に、難しいことをやってもらおうとして、このような単純で基本的なことが疎かになっては困ります。

だから、リスクの種類や発見方法の説明には、理屈ではなくイメージを使い、それぞれの業務領域ごとに伝えるのです。現場とイメージを共有できるコミュニケーションを重ねることで、会社全体のリスクセンサー機能（1章❻）が高まるのです。

イメージの伝え方

次に、どのようにイメージを伝えるか、という点を確認します。

その一番効率的な方法は、「例え話」です。

例えば（!）、素材の品質リスクに関し、この素材はこのようなもので、このような品質上の問題が懸念されて…等の問題を漏れなく詳細に説明した資料を作成し、担当者に読ませるよりも、その会社で以前あったトラブルや他社事例を紹介し、それぞれの品目の扱いは担当者ごとによくわかっているだろうから、何か「違和感」を感じたら、すぐに上司に相談して欲しい、と伝えたほうが、担当者の反応がよくなるでしょう。

どうしてかと言うと、社内弁護士をはじめとする法務部員が、法規範のような抽象的なルールを普段から取り扱っていて、抽象的な表現に慣れているのに対し、普通のビジネスマンは、抽象的な表現から具体的に何をすべきなのかを導き出すことが、必ずしも得意ではないからです。

このように、「例え話」を活用してイメージを共有するコミュニケーション能力が、法務部に必要なのです。

調整術のきほんの「き」

必要とされるコミュニケーション能力の二つ目は、イメージを共有する能力です。

これによって、会社全体のリスク対応力が上がるのです。

5

法務こそ「つまり」を絶対に使ってはいけない理由

☑ 無意識で使っていませんか？

相手の反応が悪いとき

あなたが社内会議で何かを説明しているときに、相手が首を傾げたり眉をしかめたりしたとしましょう。もう一度説明しようと思いますね。そのとき、何と言って説明を繰り返しますか？

「つまり……」と言いますよね？

それがダメなのです。

気持ちはわかります。もっと短い言葉で説明すれば、あるいは、端的にポイントを示せば伝わるはず、という気持ちが「つまり」と言わせているのでしょう。

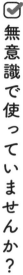

けれども、「つまり」ではイメージが伝わりません。

「つまり」ではなく「例えば」を使う

ここは、「例えば」という接続詞を使う場面です。

いや、例え話が浮かんでいないのに「例えば」と言うことはできないというあなたは、きっと生真面目な人です。けれども、まだ例え話が準備できていなくても「例えば」と言ってしまうのです。

言ってしまってから例え話を探します。少し待ってもらっても例え話が見つからなかったら、相手と一緒に例え話を探しても良いのです。

Ｇｏｏｇｌｅの航空写真を想像してください。「つまり」は話を抽象化し、高度を上げるのに対し、「例えば」は話を具体化し、高度を下げます。イメージを共有しやすいのは説明するまでもないでしょう。

実際、とても真面目な社内弁護士に、話に詰まって「つまり」と言いそうになる場面で、必ず「例えば」を言うよう徹底させました。すると、それまで社内で話がわかりにくいと評されていたのに、一年後には話がいつもわかりやすいと評されるようになったと報告を受けました。

自分自身に具体的なイメージを話すように強制するツールとして「例えば」という接続詞を使うのです。

相手にも「例えば？」を向ける

さらに、相手に対しても「例えば？」と聞きましょう。「つまり？」と聞きたくなったときに、必ずぐっと堪えて「例えば？」と聞くのです。

この使い方の効能も全く同じです。イメージをお互いに共有できるのです。

さらなる効果として、抽象的な議論に慣れていない人にとって話しやすい、という面もあります。

法務のように抽象的な概念を厳密に使い分ける仕事を日頃からやっていれば、話を抽象化することはそれほど難しくありません。法務部内では「つまり？」と質問しても、何の問題もないでしょう。

けれども、抽象的な概念を使いこなす作業に慣れていないビジネスマンにとっては、「つまり?」と聞かれると大変です。一所懸命正しいと思う言葉で文章を作ったのに、「つまり?」と抽象化を求められ、それをさらに抽象化して説明しなければならなくなるからです。そのため、「つまり?」ではなく、「例えば?」と相手に聞かれるとホッとします。変にまとめ上げて結論付けた話をしなくても、自分が思い描いていることをありのままに話せば済むからです。

相手が話しやすくするツールとして「例えば?」が使えるのです。

調整術のきほんの「き」

「つまり」では、イメージがなかなか伝わりません。「例えば」では、イメージがつくられ、伝えることができます。

6

リスクセンサー機能を高める法務の仕事

会社に埋め込まれていますか?①

リスクセンサー機能とは?

会社は、チャレンジしなければなりません。会社の最大の使命は儲けることです(企業の社会的責任は、儲けてこそです)が、リスクを取らなければ儲けられないことは古今東西共通の経験であり、真理です。

しかも、ビジネスは博打や賭け事ではありませんから、十分リスク管理をし、デュープロセスを尽くしてから決断をしなければなりません(人事を尽くして天命を待つ)。

このリスク管理は、リスクセンサー機能とリスクコントロール機能に分けて整理できます。企業を人体に例えた場合、身に迫る危機を察知する「リスクセンサー機能」と、それに対する対処を考え、実行する「リスクコントロール機能」の二つに対応します。

法務部の役割

1章4で検討したとおり、会社組織のリスクセンサー機能を担うのは、全従業員です。

この全従業員にリスクセンサー機能を果たしてもらうためには、全従業員への教育や、日頃の業務の中での啓蒙などの意識付けが必要です。

この意識付けは、法務部も積極的に行う必要があります。なぜなら、法務部は会社の法的リスクを管理するのが仕事で、法的なリスクは会社業務全体に関わっているため、会社全体でそれを感じ取れるようになってもらうことが重要だからです。

ビジネスマンの中には、リスクに気付くのは法務部の仕事で、他部門はその必要が無い、と主張する人もいますが、それは明らかに間違いです。例えば、納入された素材の品質に、何か違和感を感じることができるのは、現場の担当者だけです。後ろに控えている法務部は気付くことができません。だからこそ法務部は、現場のリスク感度を高めることに貢献するのです。

相手にも「例えば？」を向ける

そこで、全従業員、特に現場の感度を高めるためには、どのようなコミュニケーションをとるべきでしょうか。

これも、1章4で検討したとおり、イメージを共有するようなコミュニケーションです。1章5で検討したとおり、例え話を活用して、現場の感度を高めます。

例えば、先ほどの素材の品質への感度を高める研修の場合です。まず、異変に気付かないとどうなるのかを知ってもらいましょう。工場の機械が破損するかもしれません。商品が出荷できなかったり、出荷した商品が欠陥商品になって顧客に迷惑をかけたりするかもしれません。このようなイメージを共有することにより、責任の重大さを自覚してもらいます。

その上で、異変のサインは何かを、従業員に考えてもらい意見を出してもらいましょう。「私の場合、こんなことがあった」等の経験を出し合えれば、チームとしての一体感が高まると共に、自分達が会社に貢献しているという実感とモチベーションにもつながります。

このようにして、現場にイメージを共有してもらい、現場のリスクセンサー機能を高めていきましょう。

調整術のきほんの「き」

リスクは会社組織全体が感じ取るものです。全従業員が、それぞれの持ち場でリスクを感じ取るために、イメージを共有することが重要です。

7

リスクコントロール機能を高める法務の仕事

☑会社に埋め込まれていますか？②

リスクコントロール機能とは？

これは、前述のテーマ（1章❻）で検討したとおり、会社のリスク管理の機能の二つのうちの一つです。

すなわち、リスクセンサー機能（二つのうちのもう一つ）で感じ取ったリスクに対して、それを避けようと決断して回避行動を取ったり、逆に、チャレンジできるようにリスクを減らす手当をしたりする機能です。

「リスク」にも様々な種類があり、さらに「コントロール」も広い概念です。リスクコントロールと言われてまず連想するように、弁護士から意見書を取ってお墨付きをもらうだけではありません。
むしろ、主役は現場です。

現場が主役

会社組織を人体に例えてみると、リスクコントロール機能は、様々な器官がこれを果たしています。例えば、目の座った見るからに危ない人がこっちに向かって来たら、脳が判断して逃げようと足が動きます。熱いものに触ったら、脊髄で判断してすぐに手を引っ込めます。傷口についたばい菌は、血液の白血球が、誰が指示しなくてもやっつけようとします。

このように、リスクの種類や程度に応じて、どのレベルで判断するのかが異なってきます。それは、リスクの種類に応じて対応する難易度が異なってくるし、組織としても重要度が異なってくるからです。

けれども、どのレベルの責任かはともかくとして、リスクコントロールをすべきは事業部門です。法務はそのサポートやアドバイス役であり、チャレンジする責任のある部門が、リスクもコントロールすべきです。なぜなら、リスクを取る方法やプロセスの選択自体が、ビジネスの決定と一体だからです。違う言い方をすると、リスクコントロールだけ切り離したのでは、ビジネスの決定ができないからです。

リスクコントロールの方法

どのようなリスクを取るのかによって、リスクコントロールの方法は変わってきますから、ある程度一般化できても、多かれ少なかれ、事案ごとに異なる配慮が必要です。リスクを取るべき各部門が、案件ごとに相応しい方法で検討し、リスクコントロールしているかどうかについて、法務などが早い段階からサポートできれば、意思決定はそれだけ強くなり、リスクも小さくなります。

問題は、多くの会社の多くの部門で、法務は最後のチェックだけ任せる部門と位置付けられている点です。

そうなると、最終段階になって法的リスクに気付いたとしても時間が限られており、できることと言えば絆創膏を貼るかメッキする程度で、根本的な脆弱性を克服できません。

そこで、法務としては、現場から相談や審査依頼が来るまで受け身で待つのではなく、普段からコミュニケーションを密にして、早目に検討に関与することが重要になってきます。さらに言うと、プロジェクトの検討メンバーに入れてもらうなど、当初から加われば、絆創膏・メッキではなく、骨組みから強く作り上げることが可能になります。

早い段階から現場の仲間に加えてもらえるような関係づくりが大切です。

調整術のきほんの「き」

リスクセンサー機能で感じ取ったリスクは、リスクコントロール機能によって管理され、経営判断の対象となります。

法務に配属されるとずっと法務で仕事をするのでしょうか？

自分のキャリアは、とても心配ですよね。ずっとこの会社で頑張るのか、転職を視野に入れるのか、によって仕事への取り組み方も変わってきます。

ところで、あなたは法務にずっといたいと思って、この質問をしましたか？　それとも、ずっと法務にいたくないと思って、この質問をしましたか？　もしかしたら、そのどちらとも言えない、という気持ちですか？

一昔前は、弁護士の数も少なく、社内弁護士を採用することなど考えられませんから、法務部を弁護士事務所並みの専門家集団にするため、ずっと法務にいてもらうことが前提の法務部がいくつか見かけられました。もちろん、人材にそれだけ余裕のある大きな会社です。

けれども、最近は社内弁護士と法務部員の混成チームをつくっている法務部が増えてきました。

そこでは、専門性は社内弁護士を雇うことである程度確保できますので、法務部員に求める素養も、弁護士に替わるほどの専門性よりも、ビジネスに近い立場でのサポート能力のほうに重心が移っています。より専門性が高い案件は社内弁護士に処理してもらえばいいからです。

このことは、法務部員のキャリアを広げます。つまり、法務での経験をビジネスで生かす機会が増えているのです。「ずっと法務」の可能性は、以前よりも低くなっています。

第2章

他部門とのコミュニケーション

1 プロジェクトの始まりはいつも「最悪シナリオ」から

最悪シナリオはなんですか？

説得のツール、ヒアリングのツール

「最悪シナリオ」は、ビジネスでは比較的馴染みのあるツールでしょう。法務部も他部門を説得するのに、「こんな『最悪シナリオ』があるんだからもっと慎重に検討して欲しい」と使うことがあります。この場合、「最悪シナリオ」を説得のツールとして利用しています。

ここでは、もう一つの利用方法、すなわち、ヒアリングのツールとして利用することを検討しましょう。

1章で検討した「リスクセンサー機能」と「リスクコントロール機能」を現場に果た

してもらうのに、とても有効なのです。

イメージを共有する

一つ目の効用は、イメージの共有です。

例えば、最悪シナリオを使えば、製品の品質問題がどのようなトラブルを引き起こすのかが示され、会社の業績への影響もシミュレーションされるでしょう。シミュレーション自体の精度としては荒いでしょうが、シナリオのディテールは具体的ですので、担当者と共に法務部もイメージを共有できます。

しかも、最悪な事態が生じる原因をできれば詳細に担当者に話してもらいましょう。最悪シナリオは、「シナリオを作って終わり」ではなく、シナリオを基に問題点を洗い出し、改善していくためにあるからです。

つまり、現場にイメージを出してもらうことで、より深く、よりリアルな分析が可能となるのです。

現場の当事者意識を高める

二つ目の効用は、現場の当事者意識を高めることです。

「最悪シナリオ」と言うと、説教されるときに聞かされるもので、心の中で、「そこまでの事態はさすがに無いだろう?」等と呟きながら聞き流すものです。

それを、自分で「最悪シナリオ」を言ってみろ、と言われるのは、最初は現場にとって意外に感じられ、抵抗されます。

けれども、一つ目の効用をメリットとして示して、「現場しかわからないから、是非教えて欲しい」と拝み倒しましょう。「なるほど、なるほど」と、真剣に聞いて、話して良かった、と実感してもらうのが大切なコツです。

そして、このように自分で「最悪シナリオ」を示すことから、リスクセンサー機能が機能し始めますし、リスクコントロールも必要だという意識にもつながるのです。

会議を盛り上げる

三つ目の効用は、会議を盛り上げられることです。もちろん、非難するための張り詰めた会議では盛り上がりようがありませんが、皆で「こんなことあり得るよね」とか言いながら、「最悪シナリオ」のディテールを詰めていけば、前記二つの効用もより高まっていきます。

他部門との調整術！

「最悪シナリオ」は、人に説教するツールというよりも、人に話してもらうためのツールとして活用しましょう。

2 現場の感覚を引き出すツール

違和感ないですか？

最初の「法務の技法」

この「違和感ないですか？」というフレーズは、私が社内弁護士になって最初に気付いたツールで、非常に思い出深いものです。

それまでは、「これでいいですか？」と聞いていたのですが、この言葉では、相手が「持ち帰って確認します。」と逃げてしまうことがたくさんありました。「いや、そうじゃなくて、今の私の思い付きについて、感想を聞きたいだけなんです。」と慌ててフォローしても、「アドバイスありがとうございます。部門として、検討して回答します。」と打ち切られてしまうのです。

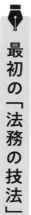

敷居を下げる

この「違和感」が機能する理由の一つ目は、発言の敷居が下がるからです。

それはどういうことかと言うと、「これでいいですか？」だと正式な問いかけとなってしまい、部門としての回答がその後部門を拘束してしまう（ように聞こえる）のに対し、「違和感ないですか？」だと個人の感想が聞かれているだけになるからです。

それでも、警戒感満載で法務部に案件を持ってきた担当者は、「違和感ないですか？」と聞いてもガードを下げません。

その時は、「いえ、私も正式な提案をしているのではなくて、まだ思い付きレベルですから、あなたの感想を聞かせてもらえませんか？」「私の思い付きを、この方向で掘り下げて良いか、意見が聞きたい、という意味です。」などとフォローしましょう。

当事者意識を高める

二つ目の理由は、担当者の当事者意識を高められるからです。

これは、「最悪シナリオ」（2章❶）でも挙げた理由ですが、「違和感ないですか？」と聞き、担当者に自分の言葉で喋ってもらうことが大切です。

ここで、「これでいいですか？」と聞くと、部門の意見を聞かれていると思われてしまう、というのは冒頭でお話したとおりです。だから、担当者の意見が聞きたいと思い、「これについて意見を聞かせてください」と聞いたとしても、相手が身構えている場合には、結論は同じです。部門の意見のヒアリングだと受け取られてしまい、やはり、「持ち帰って意見集約してきます。」になってしまい、ただのメッセンジャーになってしまうのです。

もちろん、ガードが堅い場合には、「違和感ないですか？」と聞いたところで、「持ち帰って違和感がないか聞いてきます。」と言われてしまいますが、「いや、あなたの『感覚』が聞きたいんです。良い悪いとか、正式な意見とかでなく、感覚なんです。」と食い下がりましょう。

ビジネス用語でもある

「違和感」という言葉も、ビジネスでは時々使われます。やはり、正式な結論を出す前に、関係者の経験や感性を持ち寄って、良いものにしていきたい、というときに使われているようです。

はっきりとは言い表わせない「違和感」から、思いもよらないリスクに気付くこともあります。法務も、感性までツールとして使いこなせるようになりましょう。

他部門との調整術！

「違和感ないですか？」で、敷居を下げて意見を言いやすくします。

例え話との相性も、抜群です。試してください。

3

現場の本音を引き出すツール

どうしたいですか？

個人の意見は有意義

前述の「最悪シナリオ」（2章1）と「違和感」（2章2）どちらの手法でも、自分の意見や感想を言ってくれない人がいます。

そういう場合、直球勝負、ずばり、「あなたはどうしたいですか？」と聞きます。すると、やっと自分の意見や感想を言ってくれない理由を教えてくれます。自分は下っ端であって何の権限もない、余計なことを言うと後で怒られてしまう、など理由は様々です。

それでも、「あなたの上司に告げ口するわけでも、あなたの部門の正式な意見として扱うわけでもないから、安心してあなたはどうしたいのか、話して欲しい」と言って、個人の意見を聞きだしましょう。個人の意見は、以下のような理由から、とても有意義だからです。

現場担当者の当事者意識を高める

一つ目の理由は、現場担当者に当事者意識を持ってもらうためです。

これは、1章で説明した「リスクセンサー機能」と「リスクコントロール機能」に関わります。前者の担い手は全社員ですし、後者の担い手は職務権限によって決まりますが、いずれにしろ現場の意見抜きに決めることは多くの場合現実的でありません。

例えば、現場部門の中でも、情報を集約しているはずの部門長が一番多くの情報を持っているかと言うと、必ずしもそうではありません。たしかに、管理職は高所から判断する能力が期待されていますが、情報のディテールは現場の側にあります。そのようなディテールが、リスク管理上重要なことが多いのです。

背景事情を知る

二つ目の理由は、相談に来た部門の見解の背景を知るきっかけになり得るからです。部門として決まったことに対し、担当者がいつも不満を持っているわけではないのですが、そこまで至らなくても、「実は…」というようなこと、「自分はちょっと違った見方をしています」というようなことが、ちょくちょく見かけられます。

このように、部門側の多様な考えの中に、部門として出した結論の弱点が隠れていることが多いと感じます。そして、法務部は会社のリスク管理をサポートしますから、そのような弱点の情報が重要です。担当者が教えてくれた話によって部門の弱点を気付かせてくれれば、その弱点に対する手当がされているか、十分か、を検討することができるのです。

人を育てる

実は、「君はどうしたいか？」と初めて部下の法務部員に聞いた際、「え？ 私が方針を決めるんですか？」と驚かれたことがあります。
任せるということは、人を育てることでもあります。法的なリスクについて、現場の考えを聞き、当事者意識を持ってもらうことは、現場がリスク管理する能力を高めることにつながるのです。

他部門との調整術！

自分の意見や感想を頑なに言わない人には、直球で意見や感想を聞きましょう。現場担当者の言葉は、とても貴重です。

4

正しい議事録・好ましい議事録とは？

会議の性質から逆算しましょう

議事録の二つのタイプ

議事録は逐語版が正しい、と言われることがあります。

たしかに、要約版の議事録ではディテールが欠落し、大事な論点が消えてしまうこともあります。裁判所での証人尋問も、要約版になる場合はありますが、重要な証人の場合には逐語版になります。できるだけディテールを残し、紛争の実態に迫りたいからです。

けれども、社内の会議では要約版のほうが好ましい場合があります。時と場合に応じて、議事録に求められる役割が異なってくるからです。

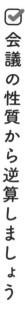

逐語版が適さない場合

最初に、逐語版が適さない典型的な場合を理解しましょう。

それは、役員会です。

これに対しては、ただでさえ形骸化しているのに、要約版にするとそれを加速させるだけじゃないか、という批判が聞こえそうです。

けれども、私も役員会が形骸化して良いとは思っていません。むしろ逆です。逐語版が合わないのに、無理して逐語版を適用すると、却って問題をつくりかねないのです。役員会の分析や在り方は4章❶で検討しますが、役員会でこのような会話があったとしましょう。

A「この案件、気に入らないな。」
C「Aさん、B君（財務部の切れ者）にも最初から入ってもらってるよ」
A「ふむ。（財務部の検証データを見ながら）よし、これは進めてくれ。」
これを逐語版でこのまま残すと、問題提起もよくわからないし、対応もあやふや、という役員会の無能さの証明になりかねません。

要約版が適する理由

けれども、要約版であれば次のような議事録を残せます。

財務上の問題点が指摘されたが、財務部が検証し、適切と評価がされていることが確認された。」

「議案1（承認）

役員会等ではお互いの役割や専門性が暗黙の了解として存在しますから、言葉は少なくても、十分チェック機能を果たしています。

つまり、そのような背景事情も含めた評価を議事録に反映することが可能になります。このような実質的な事情を反映させた議事録を見てみると、上記の逐語版議事録と全く反対の印象になることが理解できるでしょう。役員会で、プロセスのチェックが適切に行われていることが記録に残されるのです。

逐語版が適する場合

とは言うものの、逐語版のほうが好ましい場合も、たくさん残されています。

その典型は、複数の部門が集まってビジネスモデルの実現可能性を議論する会議です。

そこでは、そのビジネスモデルに反対する立場も含め、実現可能性が検証されます。

そのような場面で議論を要約してしまうと、ディテールが消えてしまい、大事なビジネスのヒントが消えてしまう可能性すらあるからです。

他部門との調整術！

議事録は、その後の社内検討の基礎資料となり、コミュニケーションの手段となります。会議の性質や目的に応じた議事録を作りましょう。

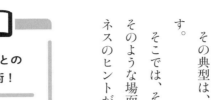

5 社内デュープロセスでリスクを軽減せよ

やまびこ作戦

事案設定

次のような事案を想定してください。

昨今、早朝の飲酒検知で飲酒運転と認定される事例が増えており、メディアでも問題にされています。そこで、全国に展開する営業所の営業車両に関し、運転者の飲酒チェックを義務付けたいと考えた法務部は、全国の営業車両を管理する総務部が主管部門として適任と考え、総務部長に対し営業車両利用の際のルールに飲酒チェックを義務付けるルールを追加するように働きかけました。

ところが、総務部長は、「二・三時間ぐっすり寝れば酔いなんて醒める、地元のどこで検知されるかぐらい、事前に察知できないような営業じゃあだめだ」などと言って、飲酒チェックの義務化を検討することすら全く考えていません。

正攻法の限界

正攻法なら、ここまで検討したように、「最悪シナリオ」「違和感」等を駆使し、さらに「どうしたいですか?」と直球で切り込んで、総務部長に意識改革を迫る方法です。正面突破です。

けれども、それでも総務部長は首を縦に振りません。ただでさえルールが多いのに、自分の所では極力、そのようなルールを増やしたくない、という気持ちも影響しているようです。

正攻法の限界を思い知らされ、手応えの無さと悔しさを噛みしめてしまう状況です。正攻法と言っても、それですべての問題を解決できるわけではないのです。

やまびこ作戦

総務部長を法務部だけで説得することは無理そうです。

そこで、様々な部門の力を借りることにしましょう。やまびこ作戦です。これは、音源が法務部となり、その発信する問題意識を、同じように様々な部門が発信してくれるので、様々な山にこだまする「やまびこ」がターゲットを包み込むような状態がつくり出されます。音源はたった一つの法務部かもしれませんが、「やまびこ」に包まれる総務部長は、大勢が決まってしまった、自分だけが取り囲まれてしまった、と孤立した気分を味わいます。

例えば、飲酒運転がメディアで非難される場合を危惧する「広報部」、人事管理上のトラブルを気にする「人事部」、営業への影響を気にする「営業部」、さらに総務部長のお膝元ですが、自動車保険や自動車管理コストへの影響を気にする「総務部」、そして諸々のコストを気にする「財務部」を味方に巻き込むことにしました。

各部それぞれの立場で考えた結果、法務部の提案を是とし、総務部長への働きかけを約束してくれました。

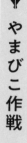

デュープロセス

やまびこ作戦は、いわゆる「根回し」ですが、リスク管理の観点から見ても、非常に有意義です。

それは、リスクを減らす重要なツールである「デュープロセス」に合致するからです。

デュープロセスは、言わば「人事を尽くして天命を待つ」ことによって、経営判断が失敗した場合の責任を軽減してくれますが、多様な部門が各々の専門領域で検討した上で意思決定に関わっているため多角的な分析が行われ、「人事を尽くした」ことになるからです。

他部門との調整術！

自分一人で社内の関係者のすべてを説得することは不可能です。上手に他人の力も借りられるようになりましょう。

6 「悪役」を仕立てれば部門間会議がスムーズに

赤鬼青鬼作戦

チームプレー

ここでのテーマは、「やまびこ作戦」（2章5）に続き、一人では組織を動かすのが無理な場合シリーズの第二弾になります。

「やまびこ作戦」では、関係部門が総がかりで説得にかかりましたが、それでも駄目な場合、次に打つ手は無いでしょうか。

ここでは、「やまびこ作戦」よりも少しきつめの対応方法です。

それは、一人が厳しい役割になり、もう一人が優しくフォローする役割になるチームプレーです。皆が同じベクトルで話をする「やまびこ作戦」と違い、それぞれ違う役割を果たす手法が、「赤鬼青鬼作戦」です。

劇薬である理由

赤鬼青鬼作戦は、日本では、古典的な脅しの手法です。つまり、誰かが怖いいじめ役で、誰かが優しくて強い保護者役です。

すなわち、若くて荒っぽい「いじめ役」が怒り狂っているところを、おだやかそうな「保護者役」がたしなめて黙らせます。「保護者役」は、「怖がらせてすまないね、うちの若いもん、血の気が多くてね」と言い、若い「いじめ役」によって縮み上がっていた相手は、地獄で神に出会った気持ちになります。

ある程度追いこんでから、救いの手を差し伸べて同意させる、という手法は、やり方を間違えると恐喝です。

意味もなく強い口調で接するのではなく、理詰めで合理的に問題点を指摘し、それによって相手が問題意識を共有したときに、問題克服の方法を一緒に考える、というような、あくまでもビジネス上のプロセスに合致できなければいけません。

ビジネスとしての有効性

社内で恐喝するわけにはいきませんから、厳しい役割と、優しくフォローする役割が、いずれもビジネスとして合理的でなければ、赤鬼青鬼作戦は成立しません。

ビジネスツールとしての赤鬼青鬼作戦をモデル化すれば、ビジネスモデルや現在の運用に関するリスクを指摘し、厳しくその対応の甘さを指摘し、会社のリスクセンサー機能に刺激を与える青鬼役と、そこで指摘された問題をどのように克服すべきかアドバイスし、優しくサポートする赤鬼役、と図式化できます。前者はリスクセンサー機能、後者はリスクコントロール機能に関わります。「こんな問題があるのに、気付かないのはおかしいぞ」と叱る人と、「こうやって克服しよう」と手を差し伸べる人、この役割分担が、会社のリスク管理機能を高める、と考えれば、赤鬼青鬼作戦にはそれなりの合理性が認められるでしょう。

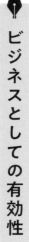

使用上の注意

赤鬼青鬼作戦は、英語にすると、「GOOD COP／BAD COP」となります。良い警察官と悪い警察官、ということです。

赤鬼青鬼作戦は効果絶大ではありますが、法務部は都合よく人を脅すだけだと言われないように、注意して活用してください。

他部門との調整術！

手を差し伸べる人がいるからこそ、厳しい意見も生きるのです。無用な個人批判になったり、強すぎる口調で責めたりしないように注意しましょう。

7

褒めてやらねば現場担当者は育たじ

できる法務の山本五十六メソッド①

山本五十六の「やってみせ」

人事分野のコンサルタントに研修を頼むと、誰もが必ず引用する言葉が、巷で言う「山本五十六のやってみせ」です。これは、次のような言葉です。

やってみせ、言って聞かせてさせてみせ、
褒めてやらねば人は動かず

山本五十六が太平洋の前線で死亡した際も、前線に自ら激励に向かっていたところでした（氏が死んだ後の海軍は、特攻隊作戦を実行するなど、氏の方針と全く違う方向に進んでしまいました）。特攻隊員に「死んでこい」という命令を出してしまう当時の海軍の中にあって、「褒めてやらねば人は動かず」と言うような人でありながら、氏はちゃんと出世したのですから、大人物です。

そして、ここでの私から読者に対する提案は、この「やってみせ」を法務部の業務の中で実践しましょう、という提案です。

契約書審査の工夫

私が、ある会社で最初の社内弁護士であるだけでなく、最初の法務部員であったために、「契約書も全部審査してね」と言われたときのことです。

それであれば、条文を読んで揚げ足を取るような指摘だけする契約書審査ではない審査をやろう、と考えました。そこで、契約書を読む前に背景を聞かせて欲しい、そのほうがお互い早く済むから、とスタートしました。さらに、この契約書でやろうとしている業務の「最悪シナリオ」を聞き、それを避けるために契約書に記載されていないことも含め、どのようなことをしたのか、説明してもらいました。すると業者選定の工夫、トラブル発見用のシステムの導入、保険など、実に様々な工夫がされており、また、リスクコントロールにも色々あることがわかりました。

そこで、契約書に記載されていない工夫や契約上の工夫を、契約書審査シート上の私（法務部）の自由記入欄に、たくさん記載し、そこまで頑張った担当者も褒めちぎります。これによって、デュープロセスが果たされていることの証拠になります。さらに、これによって担当者がとても喜び、やる気を出してくれただけでなく、自分達でしっかりリスクコントロールしようという意識も強くなってきたのです。「やってみせ」のうちの、「褒めてやらねば」部分です。

仕事を押し返す

さらにこのメソッドのポイントは、仕事を現場に押し返すコミュニケーションです。法務部は現場をサポートする、ある意味サービス業ですが、だからと言って面倒な仕事を引き受けていると法務部の業務が破綻します。また、現場が頭を使わなくなってしまいます。

例えば、契約書を作成する場合、面倒なようですがまずは現場の各部門がドラフトしてみるべきです。契約書は、ビジネスのツールであり、リスクコントロールのツールだからです（6章4）。

そのためにも、最初は、実際に契約書のポイントとなる部分を目の前で訂正してみせましょう。「やってみせ」です。次に、その次の契約書のときには担当者に実際に起案してもらいましょう。「させてみせ」です。そして、折角自分で起案してくれたのですから「さすがに現場の知恵ですね」と盛大に褒めましょう。「褒めてやる」です。

このように、上手に自分達でやってもらいましょう。

他部門との調整術！

事業部門の仕事だ、と正論を言うだけでなく、担当者を上手におだてて、その気にさせましょう。

法務の自学自習

社会人1年目です。忙しいのに、さらに勉強する必要はありますか？　どうやって勉強しますか？

必要か、と言われれば、必要ではありません。また、義務感で勉強しても、辛さが増すだけで、あまり良いことはありません。勉強する動機が見つかれば、勉強する意味が出てきますので、まずは、勉強する動機を考え、見つけ出しましょう。長い社会人人生、自己投資する意義は必ずあります。

さて、勉強する動機ができれば、実際にどうやって勉強するかが問題になります。

もし、仕事を通してすべて学べる環境にあれば(きっととても厳しい仕事でしょう)、仕事に一所懸命取り組めばよいでしょう。実際、私が最初に所属した法律事務所は、OJTが中心で、仕事に一所懸命取り組んでいるうちにそれぞれの分野の専門家として成長していく、という環境にありました。

そうでなければ、何とか時間をつくって勉強する以外に方法はありません。朝、会社の近くのカフェで勉強している人も、よく見かけます。実際、私が経験した証券アナリスト試験の勉強は、平日の通勤時間と休日の数時間を充てました。

次は、何を勉強するか、ということですが、例えば仕事に役立ちそうな資格を目指す、という方法があります。大抵の資格試験は、基本から理解していることが試されますので、業務に関する知識を基本からしっかり勉強する機会になるのです。

第3章

法務部長とのコミュニケーション

1 法務部長を敵にしないコミュニケーション

上司との関係性①、初級〜中級編

上司との関係、三段階評価

上司を味方にする方法（3章 **2**）を考える前に、上司を敵にしない方法を考えましょう。

というのも、上司との関係性を築く場合、「初級者」は「上司に嫌われない人」、「中級者」は「上司を敵にしない人」、「上級者」は「上司を味方にする人」、と整理できるからです。

ここでは、「初級者」と「中級者」になる方法を考えます。あっさりと書いていますが、実行するのは意外と難しいですから、繰り返し振り返ってください。

上司との関係、初級者

まず、「初級者」の裏返し、すなわち上司に嫌われる方法は簡単です。

上司の嫌なことをすれば良いのです。

例えば、声を掛けられても無視する、メールに返事をしない、指示を守らない、与えられた仕事をしないなど、思い付くだけの嫌がらせができます。上司の陰口を言いまくるという方法も、ありです。

これと逆、つまり、上司が嫌がることをしなければ、最低限、「上司に嫌われない」ことになりますので、「初級者」になります。

これは、簡単です。顔色をうかがえば良いのです。

顔色をうかがうなんて、とても屈辱的に感じるかもしれませんが、自分が上司の立場で考えるだけです。自分が人を使う場面をイメージして、こんな反応をされたら嫌だな、という「ものさし」で測ってみてください。

しかも、世の中全員の顔色をうかがう必要はありません。目の前にいる上司にだけ嫌われなければ十分です。とりあえず上司だけと考えれば、少し楽です。

もう一つ。無理して好かれようと頑張らなくても十分です。まずは嫌われないレベルに到達すれば、「初級者」合格です。

上司との関係、中級者

次に、「中級者」の裏返し、すなわち上司を敵にする方法です。

考えてみてください。わざわざ上司から敵とみなされることは、とても難しいことです。それなりの存在感が必要だからです。

まず、「敵」とはどういうことでしょうか。

それは、防衛本能が刺激される場合です。つまり、自分の身を守る必要性を感じる場合です。

そして、上司の立場に立ってみると、部下は本来身内であって、チームの外の敵ではありません。身内が敵になる場合は、背中を見せているのに背後から切りつけたり、登っている梯子を外したりする場合です。すなわち、「裏切り」です。

そうすると、「裏切り」の前提となる「期待」があるはずです。背中を預けるほどの信頼を裏切るから激怒し、戦国武将であれば首をはねてしまうのです。
したがって、上司の「期待」を「裏切らない」ことで、「中級者」合格です。まず「期待」されないといけないので、少しレベルが上がりますね。

上司との
調整術！

「初級」は、上司の立場で考えられれば合格です。
「中級」は、上司の期待を裏切らなければ合格です。

2 法務部長を味方にするコミュニケーション

上司との関係性②、上級編

敵の反対は味方、ではない

前のテーマ（3章1）で、「中級者」を、「上司を敵にしない人」と説明しました。そうすると、「敵」の反対は「味方」だから、「上司を味方にする人」という「上級者」と同じことではないか、という疑問が出てきそうです。

けれども、日常では「敵」でも「味方」でもない人が大多数です。マザー・テレサが「愛の反対は憎しみではなく無関心です」と言ったそうですが、ここでは、敵味方の問題ですから、愛や憎しみよりもさらに激しい問題になります。

つまり、中級者である「上司を敵にしない人」になっても、上級者として「上司を味方にする人」になるためには、さらにもう一つレベルアップが必要なのです。

味方にするツール

まず、ツールから検討しましょう。それは、「頭出し」です。

取引先と揉めている場面を考えましょう。あなたの対応に不満のある取引先が上司に苦情を言った場合、何も聞いていない上司はあなたの「敵」になります。「取引先がこんな苦情を言ってきた。本当か？」となるでしょう。

ところが、揉めていることを「頭出し」しておくと、取引先が上司に苦情を言ってきても、上司が取引先に対し、壁になってくれます。味方になって、あなたを守ってくれるのです（4章4）。

一般的には「報連相」と言われることです。実際に上司が壁になってあなたを守ってくれたときには、上司がとても素敵に見えてきます。「頭出し」「報連相」や、普段からのコミュニケーションの重要性が理解できます。

上司との関係、上級者

けれども、「頭出し」で上司が味方になったのは、一時的なことです。組織防衛が目的であって、あなたは結果的に守られただけです。

では、上司を恒常的にあなたの味方にするために、一体何が必要でしょうか。

ここで、上司が部下を味方と思うような状況を上司の立場から逆算しましょう。

まず、信頼しているので任せるという「中級者」のレベルを、超えているということです。それは、上司が部下に任せるというレベルを超えている、ということです。

つまり、上司が部下に優越している、という通常の関係よりも高いレベルであり、自分を助けてくれるから、自分も助けてあげる、という相互扶助的で、より対等な関係を意味します。

これは、対等な関係の「仲間」に近づいていますが、上司を立てている点が違います。豊臣秀吉と、彼を取り立てた織田信長の関係のように、上司が「庇護者」になるというイメージでしょうか。例えば、上司の指示を文句も言わずに黙って実行するのではなく、その前に趣旨や目的を確認し、疑問点は先に確認します。もっと良いアイディアがあれば、それを提案します。上司も、最初はうるさく感じるかもしれませんが、自分の気付かなかったところに気付いてくれた部下を、信頼し任すようになるだけでなく、自分の考えの検証やアドバイスまで求めるようになります。

このように上司の立場で考える、という意味では、「初級者」は上司に嫌われないことがポイントでしたが、「上級者」は上司に好かれることがポイントです。しかも、単に情緒的に好かれる（ごまをする）のではなく、上司の欠点を補えることが大切です。

上司との調整術！

「上級」は、上司の立場で考え、上司の欠点を補えれば合格です。これによって、上司はあなたの庇護者になります。

3

法務部長は使いよう

下手なアイテムより便利かも

部下が上司を「使う」のか

自分は上司に使われる立場であり、上司を使う立場ではない、と考える人もいるでしょう。これは、会社の指揮命令体系に合致した考え方で、間違いではありません。けれども、部下が上司を使う、ということも、会社組織論的に見て間違いではありません。

どういうことでしょうか。

それは、「権限移譲」です。すなわち、会社の全ての業務を社長が指示している場合、責任の所在も社長にあることが明確になりますが、そうすると、社長個人の能力の範囲内でしか会社が成長できません。そこで、役員へ、部長へ、課長へと、権限と責任を段階的に委譲します。「任せる」「託す」「委ねる」のです。

こうなると、任せた上司は、任された部下が実力を発揮できるように環境を整備する義務を負います。部下の力を引き出すのが上司の仕事だからです。

したがって、任された部下は、上司を環境整備のために「使う」ことができます。むしろ、場合によっては上司を上手に「使う」必要があるのです。

どのように上司を「使う」のか

上司を使えるからと言って、ここぞとばかりに日頃の憂さを晴らすような上から目線の命令では駄目です。上司の指揮命令権（人事権）が発動され、せっかく任されていた仕事が取り上げられてしまいます。そうすると、上司を使う理由が消滅してしまいます。

部下として上司を使える状況だとしても、自分に対する人事権を持っているのは上司ですから、上司を上手に利用して動いてもらいましょう。媚びるでもなく、卑屈になるでもなく、現場の仕事を任されたのは自分、後方の環境整備を任されたのが上司、という役割分担である、という役割の整理を上司と共有できれば、たいてい上手くいきます。

やはり、「上司は使いよう」なのです。

何のために上司を「使う」のか

何人かの会社経営者が、社長の役割について、従業員が乗っている大きな船を揺らさずに安全に航行させることだ、従業員が船の上で安心して仕事に専念し最高のパフォーマンスが出せるように環境を整え維持することだ、と説明していました。

部門長も、これと同じことを主に会社内で行っています。

部門予算が削られる、人員が減らされる、などの部門運営に関する問題だけでなく、個別プロジェクトで部門間の見解が対立する場合もあります。このような場合でも、部員が動揺したり、余計な業務で手間を取られたりしないように、社内調整をします。

裏方の仕事なので、部員が気付かないこともたくさんありますが、実際に個別の事案を担当する部員から見ると、その政治力を上手に活用すべき場面がたくさんあります。
つまり、社内政治のために上司を「使う」のです。
たとえば、侍が二人、お互いに背中を守りながら、取り囲む敵と対峙している際の役割分担と同じなのです。

上司との調整術！

上司に背中を預けて戦う場面を想像しましょう。上司に何をしてもらいたいか、見えてきます。

4

仕切るタイプの法務部長を操縦せよ

仕切屋を仕切る

仕切るタイプにも二つのタイプ

仕切屋にも色々なタイプがあります。

口も手も出し自分が何でもやってしまうタイプの場合、上司の仕事の一部を少しずつ手伝わされる部下は、全体が見えず、自分は何のためにこの作業をしているのかがわかりません。上司が一人で盛り上がっていますが、部下達は一歩引いた感じです。

他方、鍋奉行のようにやり方をあれこれ指図してどんどん仕事を振ってくる（皿に盛りつけてくる）タイプの場合、部下は仕事を振られるだけでなく、どんどん指示が飛んできて、どんどん報告が求められます。

どんどん口を挟んでくる点では前者も後者も同じです。けれども、部下から見た場合、前者は仕事の背景もわからず、したがって会社全体が見えませんが、後者は上司が自分で仕事をしないことを目的に部下に仕事を振りますので、会社全体が見えます。

自分で何でもやってしまうタイプ

このタイプの上司の部下になると、自分が何をしているのか、全体像が全くわからず、仕事の成果もどのように評価されているのか不安になってきます。

このタイプは、口出しされるのが嫌いで、プライドが高い人に多いです。

このタイプの上司の信頼を勝ち取り、味方にする（上級）ためにはプライドを捨てさせるようにしたり、プライドを傷つけたりするのではなく、プライドを上手に活用する方法を考えます。上司の誤解やミスを指摘するのではなく、例えば、自分のアイディアをどう思うか指導してください、このアイディアを試させてください、などと下手に出ます。また実際にアイディアが上手く形になったときも、「実際にやってみようという決断、さすがです」などとおだてます。あなたのプライドは引き出しにでもしまっておいて、上司のプライドを使いこなすことに集中しましょう。上司の側からその＋α部分を評価してくれて、思いがけず大きな仕事で頼られるかもしれません。

鍋奉行タイプ

このタイプは、口出しが多い分、コミュニケーションも多く、自分の仕事に対する評価や、それぞれの仕事の背景なども比較的よく見えるので、部下としては、「自分でやってしまうタイプ」の上司よりも精神的に楽です。

このタイプは、他人に任せきるほど度量が大きくないので、特に機嫌が悪いときには、他人のミスをいつまでもグチグチ言ったりします。気が小さくて面倒くさがりな側面とぶつからず、逆にその弱点を補いましょう。

例えば、先方からの返事を待たず、先方に質問を投げる段階で事前に相談し、先方へのメールでの質問にもＣＣを付けましょう。また、気が小さい分、あなたがしっかり調べて対応してあげれば、使える部下と思われて仕事が増えるかもしれませんが、口出しも減ってきて、仕事がしやすくなります。

このタイプの上司の信頼を勝ち取るには、コミュニケーションをとる機会を適切な場面に選び、＋α部分を確実に伝えることを心がけましょう。

さらに、気の小さい上司の心配の種を言われる前に取り除いたり、上司の役員に対する報告書を作ったりして、上司を安心させれば、上司は味方になってくれるでしょう。

上司との調整術！

仕切るタイプの上司に対しては、上司の性格や弱点を見抜き、それを上手に活用しましょう。

5

任せるタイプの法務部長を操縦せよ

期待に応える

任せるタイプにも二つのタイプ

任せるタイプの上司は、例えば、スキー場で初心者をいきなり上級コースに連れていくようなタイプです。「まずはやってごらん」というやり方です。

このタイプにも、極端に見れば二つのタイプがあります。

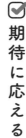

一つ目は、放任タイプです。いわゆる丸投げです。後はよろしく、と言ってフォローもサポートもしてくれません。上級コースに連れて行ったまま、自分だけ先に降りてしまうタイプです。

二つ目は、山本五十六タイプです。育てるつもりで任せてくれるタイプです。理想の上司であって、文句の付け所がありません。上級コースから安全に下山するまで、レッスンしながら誘導してくれるタイプです。

それぞれのタイプについて、検討していきましょう。

放任タイプ

放任タイプの場合、お前を信じて任せたのに、俺に頼っていてはダメだ、などと言って逃げようとします。先に一人で降りようとする上司を逃がさないことが重要です。

ここで、「丸投げじゃないか」「無責任だ」などと本質的で正しいことを部下が言ってしまうと、怒らせてしまうかもしれません。

このタイプの上司は、味方にする（上級）ことはそれほど難しくないのですが（ただし味方になってもフォローしてくれない）、逃がさないことがポイントになります。

ここは、下手に出て、自分はまだ詳しくないので教えて欲しい、と上司にとってむげに断って逃げることができない理由を持ち出します。ただし、わからないからと言って具体的な指示を求めるようなことは、丸投げする側と同じ（お互い無責任になる）

なので、そうではなく、「自分はこうしたいがこんなことが心配だ」など、非難ではなく指示に従おうとしている（自分のほうは責任感がある）という状況をつくり出しましょう。

山本五十六タイプ

山本五十六のどこが理想なのかと言うと、仕事を通して人を育てる面倒見の良さと人を育てる方法です。それは、有名な、いわゆる『山本五十六のやってみせ』という言葉からも明らかです（2章7参照）。

上司として見れば、理想の上司ですから、こちらから下手な対策を講じる必要はありません。ただ、きっと優秀で忙しいでしょうから、何か指導してもらえるのではないか、と受身で構えていると、あまり相手にしてもらえず、折角のチャンスを逃がしかねません。与えられた仕事について、積極的に質問し、提案し、接点を自ら増やすことが重要です。そして、経験や知見を伝えてもらいつつ、自分自身のチャレンジの機会とサポートをお願いするのです。

このタイプの上司は、面倒見がいいので味方にする(上級)ことは難しくありません。せっかくですので、大いに活用しましょう。

さらに、法務部の仕事だけでなく、他部門の仕事や社外の仕事についても経験が豊富でしょうから、あなたのキャリアについてもアドバイスやサポートをしてくれるかもしれません。このタイプの上司に認められれば、あなたのキャリアにとっても有意義ですから、頑張る甲斐があるのです。

上司との調整術!

任せてくれるタイプの上司を味方にすることは、それほど難しくありません。放任タイプは逃がさないようにし、山本五十六タイプは大いに勉強させてもらいましょう。

6

法務部長は辛いよ

上司を温かく見守ってあげよう

コミュニケーションの基本

上司とのコミュニケーションを考えるのには、上司の立場を知っておくことが大切です。自分の言い分を相手に理解させることも大事ですが、相手にも立場があり、感情があります。上司から信頼されて仕事を任されるためには、信頼関係が必要です。何も、日本固有の「和」の話をしているのではなく、信頼してお互い背中を預けあえる仲間意識は、万国共通のものです。

そこで、管理職がどのような立場なのか、そして、その辛さを知っておきましょう。ベースは、私の法務部長経験です。

人を育てる仕事

最も辛いのは、人を育てる仕事です。

それも、本来業務をこなしながら、です。

何が辛いかというと、本来業務をスピーディーに高品質でやるならば、自分でやったほうが早いからです。それでも、人を育てなければならないので、仕事を与えてみると、足りないところに腹が立ち、遅いことに腹が立つのです。自分への評価にも関わりますから、業務品質への拘りを捨て切れないでいると、部下への当たりが強くなったり、部下に任せられなかったりします。

そこで、業務品質への拘りを思い切って捨てます。仕事の出来より、後進の育成のほうが大切だ、という発想です。

そうすると、たしかに部下に任せることの抵抗が減りますが、実際に任せてみると、部下のあまりの仕事の不安定さに平衡感覚を失います。部下に仕事を任せて部門を操縦するというのは、雪が積もって路肩が見えない道を運転している感覚、あるいは「アルプスの少女ハイジ」のアニメのオープニングで雲の上を歩いているハイジを見てハラハラする感覚と似ています。大丈夫だろうか、ちゃんと仕事してくれるのだろうか、自分も彼らと一緒に転落しないだろうか、という心配です。

さて、世の中の無数に存在する管理職は、どうやって部下に仕事を任せているのでしょうか（そうでない人も多くいるらしいですが）。

板挟み

法務部長は、あちこち（職場限定）で板挟みです。

まず、部門の内外・上下で板挟みです。例えば、「法務部としてやらなければならない業務である」と外から・上から言われ、しかし今の法務部員達に配点できないような忙しい状況です。

次に、他部門と他部門の間で板挟みです。これは、法的な問題を解決するために、どうしても部門間の利害調整を図る場面があり、それを法務が担当する場合です。

そして、会社の内外で板挟みです。これは、社会の規範を会社に遵守させる立場にあるが、会社のビジネスをサポートする立場にもあるときに、両者を調整しなければいけない場合です。

法務部長のホンネとしては、こんなとき、せめて部員達だけは味方になって欲しいのです。例えば、法務部としてやらなければならない業務について部下が率先して引き受けてくれると、その部下がまるで天使のようにまぶしく見えるのです。

上司との調整術！

上司の辛さや弱点を知っておきましょう。そこを攻撃するのではなく、そこを一緒に守る仲間になってあげてこそ、上司を利用できるのです。

7 法務部長との共同作戦開始！

上司はパートナー

法務部長と一緒にできること

ここまで述べたように、上司とのコミュニケーションをとり、上司の信頼を勝ち取り、味方と思われれば、あなたは立派な上級者です。いよいよ、上司と共に大事なミッションを遂行するときが来ました！

これまでも何度か例え話としてお話してきましたが、敵に取り囲まれる中、お互い背中合わせになり、背後を任せながら、それぞれが目の前の敵と戦います。

あなたは、現場での戦い、上司は、社内や社外との戦いです。

上司と一緒ならやまびこ作戦（2章5）もスムーズ

朝の飲酒検知で飲酒運転と認定される（前夜の酒が残っている）事例がメディアで問題になっています。そこで、法務部長から総務部長に、全国での営業車の使用に関するルールを作るように話をしても、数時間ぐっすり寝れば酔いなんて醒める、などと言ってまともに取り合ってくれません。

そこで、法務部長は、広報部長、営業部長、人事部長、財務部長などに対してそれぞれ働きかけました。

同時に、法務部員は、総務部員に、営業車の使用に関するルールと、全国への発信方法の検討開始を持ちかけました。同時に、人事部員には、朝の飲酒検知で飲酒運転と認定された従業員や、営業車使用のルールを守らない従業員の処遇や懲戒処分の在り方について、検討開始を持ちかけました。さらに、広報部員には、当社で朝の飲酒運転者が出た場合の広報対応の検討開始を持ちかけました。

音源は法務部ですが、まるでやまびこのように、社内のあちこちから朝の飲酒運転問題が議論されている状況になり、総務部長も正式に対応することを決心しました。

上司と一緒なら赤鬼青鬼作戦（2章❻）もスムーズ

営業のある部門が作成した販促資材には、誤解を招く表記があり、コンプライアンス的にも広報的にも問題があります。資材の表記の修正を申し入れているのですが、「既に相当部数印刷してしまったので、在庫を使いきったら考える」と言って、法務部や広報部の言うことを聞こうとしません。

そこで、法務部長が青鬼役となります。

つまり、役員会にコンプライアンス問題として正式に報告すると共に、営業部の担当役員に対し、法務担当役員と共にリスクの大きさを滔々《とうとう》と説き、善処を求めました。営業部の担当役員は、役員会でも社長から質問責めになり、営業部長に「何とかしろ！」と頭ごなしに怒っています。

この頃、法務部員は営業部との定例会議で、営業部長が困っている、と相談されました。そこで、カラーの見開きの販促資材に挟み込む白い紙の補足説明資料を作り、価格表と共に、問題のある表記に対する注記を加えてはどうか、そうすれば販促資材を捨てずに済む、と提案しました。

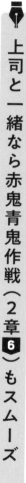

法務部長と事前に打ち合わせたとおりの作戦でしたが、この提案を営業部は、これなら安くて済む、と大喜びで採用したのです。

上司との
調整術！

法務部長と法務部員のそれぞれの活躍の場を連動させられれば、やまびこ作戦や赤鬼青鬼作戦以外にも、様々な作戦が立てられます。

法務以外の部門に異動しても、法務のスキルは役に立ちますか？

多くの会社では、人事異動があり、会社の業務命令に従わなければなりません。ずっと法務にいたくてもいられない可能性の高い方が多いでしょう。

一昔前の法務は、一方で、法律事務所に替わる専門性を備えた専門家集団と位置付けられている場合がありましたが、他方で、理屈っぽくて扱いにくい従業員を集めた「落ちこぼれ」チームと位置付けられている場合もありました。

最近は、このどちらでもなく、ビジネスのサポートを重視する法務が多くなりました。社内弁護士や社外の法律事務所を使えば、必要な専門性は確保できるからです。

この変化が、社内でのキャリアにも影響します。良い意味での影響です。

すなわち、ビジネス側各部門の裏方としてビジネスをサポートし、適切なプロセスで適切な結論になるように導きますから、各部門の業務の裏側を熟知することになります。しかも、複数の部門を担当すれば、複数の部門の業務を熟知するのです。

さらに、法務部員は、担当部門の管理職と対等の目線で議論、検討し、サポートします。言われたことをどうやってこなすのか、ではなくどうやって組織を動かすのか、という目線です。

このことから、各部門を支えるブレインとして法務出身者を高く評価している会社が増えています。

第4章

経営陣とのコミュニケーション

1

経営は、感性とロジックのハーモニー

子供じみた発言にも理由がある

数字に騙されない

今の時代、検証不可能な経営者の「勘」「感覚」「感性」のようなもので経営判断をしていいのでしょうか。デュープロセスを果たしたと証明するためには、理論的で客観的な予測や統計に基づいて経営判断しなければならないようにも思えますが、どうでしょうか。

答えは、イエスです。

たしかに、定量的に測定可能な根拠も重要でしょう。例えば、始めた事業がせっかくうまくいきそうなのに資金ショートで継続を断念するようなことは避けなければなりませんから、財務上のキャッシュフローの確認は必須です。

けれども、経営のプロの感性がもっと重要です。

数字などは、前提条件の設定次第である程度都合よく作れてしまいます。数字に騙されないためにも、経営は数字への強さだけでなく、感性が必要なのです。

努力の先にある感性

しかも、この感性は経営者・役員それぞれが仕事のキャリアの中で磨き上げてきたからこそ、価値があります。

例えば、財務で努力してきた人は、お金の動きで物事の本質が把握できますし、人事で苦労してきた人は、従業員の性格を把握しそれぞれにやる気を出させることができます。法務で努力してきた人は、契約書を最初に眺めただけでその品質がわかります。

そして、役員会はこのような感性の持ち主が集まり、会社経営の方針を決定します。それぞれの分野のプロが、感性をぶつけ合いますので、好きとか嫌いとか、子供じみた言葉が飛び交うこともあり、そこだけ取りあげると、とても合理的な意思決定に見えません。

けれども、磨き上げた感性同士がぶつかり合って示された方向性や疑問点には、必ず合理的な理由があります。役員会で決めた方針を具体化していく過程で、その合理性も検証すれば良いのです。

役員への対処方法

感性の鋭い役員を相手にする場合は、その感性を上手に具体化するように話を聞きましょう。

例えば、「好感度ナンバーワン」という表現をキーワードにしたキャンペーンに対し、「ナンバーワン」が比較広告になりますから、「ナンバーワン」であることの裏付けがとれない場合はリスクが大きいとして、法務部が「ナンバーワン」という表現を使わないよう提案しました。それに対し、マーケットの感性の鋭い役員が、法務の提案を嫌がっている場合、どこが嫌なのかを聞き出します。折角の「好感度ナンバーワン」

という表現が使えないなら、この「好感度ナンバーワン」に向けた一連のキャンペーンが無駄になるという感想でした。そうすると、この比較方法だけでなく、一連の広告との整合性も考えなければならない、という検討ポイントを獲得できました。

感性の鋭い役員は、直感的に問題の本質を見抜いてくれます。

他方、感性は鈍いのに鋭いフリをしている役員の場合には、ある程度理詰めで話をし、単なる思いつきで話がブレないように注意します。感性が鈍いのに鋭いフリをしている役員の無責任な思いつきには一貫性がありませんから、話がブレないように、少しずつ言質をとりながら外堀を埋めていくのです。

経営陣との調整術！

役員陣に経験に基づく感性と緻密なロジックの安定感の両方が備わっていれば、役員会の決定に信頼が持てます。会社の強み弱みを見極めましょう。

2

法務も担ごう、経営の「おみこし」

「衆議独裁」を知っていますか？

「衆議独裁」の意味

「衆議独裁」という言葉には「独裁」というネガティブな言葉が含まれるので、マイナスイメージを覚える人も多いでしょう。

けれども、経営モデルとして一つの在り方を示しており、ビジネスに非常に有効です。

まず、前半の「衆議」ですが、これは意思決定過程です。ボトムアップも受け入れられるほど、懐が深い反面、十分な議論によってリスクコントロールされている、というデュープロセスの考えが体現されています。

次に、後半の「独裁」ですが、これは業務遂行過程です。一度皆で決めたことには、文句を言わずに従おう、という原則が示されています。つまり、経営判断された決定事項について、執行する権限が与えられた者には、会社全体が従わなければならない、それだけ強い「独裁」のような権限が与えられます。執行プロセスになると、今度はトップダウンの形になります。

よく、ボトムアップ型の会社、トップダウン型の会社、と色分けされることがありますが、実際の会社経営はこの両者が混ざっており、そのブレンドの方法が経営の腕の見せ所の一つです。「衆議独裁」は、意思決定過程と業務遂行過程に分けて、両者を整理しているのです。

みこしに例える

ここでは、案件ごとに小さいみこしを担ぐイメージで検討します。

まず、意思決定過程でトップが決断するためのお膳立てがされますので、「衆議」によって検討された結果を踏まえて、みこしに乗った経営陣が経営判断を行います。

次に、みこしに乗った経営陣が、決定したとおりにみこしを動かすために「独裁」によってみこしの進む方向やスピードなどを指示します。

前者の意思決定過程では、色々な意見が出されるようなプロセス、それにより担ぎ手達も納得できるようなプロセスが必要です。それによって、一体感も生まれます。

他方、後者の業務遂行過程では、みこしが動き出しているので、足並みの乱れは事故につながります。この段階で「こんなはずじゃなかった」とみこしの動きに反する行動を取ることは、非常に危険です。

ビジネス用語

この「衆議独裁」の発想は、特にチーム一丸となって活動することが求められる部門、例えば営業部門や製造部門では、プラスイメージとして共有されています。

他方、法務部のように、そのチームに組み込まれていない部門は、特に「独裁」に対してマイナスイメージを持っている場合があります。

この認識の違いが、現場各部門に法務部の意見に対して「何を今さら言ってるんだ？」という反感を抱かせる原因の一つです。動き出したみこしは、下手に止めようとするとかえって危険なのです。

けれども、みこしの進む先に破滅の未来が見えれば、みこしを命懸けで止めなければなりません。

その場合にできるだけ安全に止めるためには、足並みを乱して止めるのではなく、チーム一丸となって止める必要があります。したがって、みこしに乗っている経営陣から指示を出させるべきであり、そのためには法務の力が必要であることをよく理解しましょう（4章4）。

経営陣との調整術！

会社では、各組織の役割がプロセスの局面に応じて変化することを理解し、法務もみこしを土台から支えましょう。

3 忙しい経営陣をつかまえろ！

法務こそ「エレベータートーク」を活用せよ

「エレベータートーク」の意味

上司や役員に報告する時間を取れないとき、エレベーターに同乗し、その移動時間中に報告を済ませてしまう、という手法です。ビジネスコンサルタントが、一時期、手短に報告することの重要さと、その方法を解説するために、盛んに喧伝していました。

これは、法務部も学ぶべき手法です。

その理由は、法務部の報告は話が長いと敬遠されがちであること、社内コミュニケーションとして、正確さよりもイメージの伝わりやすさが重要であることです。

テーマを絞る

役員に、エレベーター内の数十秒で話をするポイントの一つ目は、テーマを絞ることです。

法務部は、色々なリスクを一度に全部説明しよう、そうしないと後で「聞いてない」と開き直られてしまう、と考える傾向があります。

けれどもそれでは、話が長くて接触を敬遠されることになり悪循環です。つまり、機会が限られる↓話が長くなる↓相手も時間が取れない↓機会がさらに限られる、という悪循環です。

この流れを逆転させて好循環に持ち込む発想が必要です。

それは、報告の頻度を上げることです。つまり、絞られたテーマに関し、短時間で必要な情報を手軽に得られる、という報告方法に変えてみましょう。これであれば、全てのリスクを説明していないことは先方も承知ですから、「聞いてない」とは言えないはずです。

三段論法を使う

ポイントの二つ目は、三段論法を使うことです。

例えば営業部門であれば、業績悪化の報告などの場合、短い時間に要領よく話すことがとても難しくなります。もちろん、報告相手の役員が状況を把握していて、追加情報だけ、ということであれば手短に報告できますが、業績の話になると、市場の動向と会社商品の販売状況、マーケティングの状況等、関連する情報量が多くなりますし、それぞれの情報相互の関係も単純ではありません。

他方、法務部の報告は、規範・ルールに該当するかどうか、ということだけが問題になります。関連性も明確です。

例えば、「今、景表法のガイドラインの原産国表示規制が気になって検討しています（大前提・規範）。気になる理由・事実は、当社のこの商品のこの表示です（小前提・事実）。不当表示の風評リスクなどはおわかりのとおりです（結論）。動きがあれば、追って報告します。」

どうでしょうか？　一階で乗ったエレベーターで、役員室に向かうまでに報告完了できそうですよね？

そして、エレベータートークは、法務部員の法務部長に対する報告でも使えます。

むしろ、そこでコンパクトに報告できる実績を積み、他部門への報告をどんどん任せられるようになりましょう。

エレベータートークは、仕事の主導権を取るツールにもなるのです。

経営陣との調整術！

コンパクトに要領よく報告するコツがつかめれば、気軽に報告できるようになります。フットワーク軽く活動し、仕事を溜めこまないようにしましょう。

4

「聞いてないよ!」と言わせない

「ノーサプライズ」を知っていますか?

経営危機につながる重要問題

これは、3章2でも検討した「頭出し」です。

すなわち、好ましくない状況ほど事前に上司に報告しておきましょう、そうすることで上司はいざというときに自分の味方になってくれます、という話でした。

ここではさらに、経営陣との関係で検討します。単に、経営陣に気に入られるかどうかだけでなく、「頭出し」が大事なのは会社のリスクに関わるからです。例えば「聞いてないよ!」で有名になったのは、いわゆる「雪印集団食中毒事件」の記者会見(二〇〇〇年七月四日)ですが、会社の内部統制・リスク管理体制の不備は、会社への信頼性に関わり、会社を存亡の危機に突き落とすことが明らかになったのです。

このことから、役員への報告の重要性が理解できます。

報告の重要性

今さらですが、会社組織上、下からの報告はなぜ重要なのでしょうか。

それは、リスク管理に限ってみても明白です。

すなわち、経営のおみこしの例（4章2）で見たとおり、動き出したみこしを安全に止めることができるのは、経営陣です。担き手がみこしの進む先に破滅の危険を見つけたのであれば、経営陣にそれを直ちに知らせなければなりません。

さらに、新しいチャレンジをする場合にも、経営陣が情報を把握することが重要です。

それは、経営判断の経済的合理性に影響します。経営陣にとって重要な情報が無ければ、正しい経営判断ができないのは当然です。さらにこれは、リスク管理上も重要です。デュープロセスに関わるからです（1章6）。

報告事項の定め方

では、あなたは、報告事項をどのように定めますか？

案件の金額を基準にするかもしれません。けれども、法的リスクは金額で測定できないものが多いことは、法務に関わる以上、説明するまでもありません。

では、何でもかんでも上司に報告して指示をあおぎますか？

もし本当にそうするなら、あなたはいつまでも頼られず、任されません。上司も「そんな細かいことまで報告するな！」と感じるはずです。

ノーサプライズの原則

そこで、ノーサプライズの原則を基準にします。

これは、あなた自身が報告すべきかどうかを決定するという原則です。最も大切なポイントは、上司の立場で考える点です。法務部長なのに、こんなことも聞いていないのか？　と社内で法務の体制を批判されそうな場合には、すぐに報告するのです。

例えば、契約審査で法務担当者が現場担当者にアドバイスしたとおりに相手に文言訂正を申し入れたら相手会社が怒っている場合、まっさきに法務部長に伝えましょう。相手会社やその部門から法務部長に苦情が入ったときに、法務部長なのに部下を把握していないのか、と批判されてしまうことを防ぐのです。

同様に、法務部長も自分自身の判断で、役員に報告するかどうかを決めることになります。

ノーサプライズの原則で報告すべき場合は、緊急性の高い場合が多く、すぐに伝えるべきですが、例えば毎週の定例会で十分な場合もあります。

緊急度についても、ノーサプライズの観点から判断しましょう。

経営陣との調整術！

逆に言うと、経営陣を「びっくりさせない」限りいちいち報告しないということです。
現場への信頼が重要なポイントになります。

5

法務にも任せようと思わせる

☑ 法務部が主役になることもあるのです

法務部は常に脇役か？

法務部がお金を稼げるビジネスをリードするようなことは、法務系のサービスを提供する会社でなければ、考えられないことです。

そうすると、法務部がプロジェクトをリードするべきではないのでしょうか。法務部は、どこまで行っても脇役なのでしょうか。

そうかもしれません。潔く、脇役に徹する自覚が大切です。

けれども、突然、プロジェクトをリードすべき役回りが降ってくることがあります。期待はしなくても、覚悟は必要です。

法務部が何をリードするのか？

法務部のようなバックオフィスがリードする案件はどのような案件でしょうか。

一つの例は、弁護士が裁判所から指名される破産事務の管財人業務です。

破産した会社を整理する業務で、後ろ向きな業務の最たるものですが、意外と重要で、侮れません。潰れるような会社は、様々な問題を放置していますので、関係する当事者も、そこで整理すべき法律関係も、実に多様です。弁護士として相当な経験と能力、特に段取りをつけて関係者をリードする能力が要求されます。例えば、不動産会社が一社倒産するだけで、換価処分しなければならない不動産の数は膨大ですから、倒産処理業務の多様さと段取りの重要さは理解してもらえるはずです。

同じことは、会社の中でも発生します。例えば会社が一つの事業を畳む場合、法務部がそれをリードすべき場合もあるでしょう。

具体例として、事業を畳む場合を紹介しましたが、それ以外にも法務部がリードできる案件はたくさんあります。

例えば、各部門がリスク管理を全くできていない場合です。各部門が責任をもって管理する、という自主性の観点から、それでも構わない、という意見が出るかもしれません。しかし、経営陣から見ると、会社のリスクを全て適切に把握し、それを踏まえて経営判断をしたいと考えるでしょうし、それが健全な発想です。

そうすると、中立で冷静な対応をしてくれる部門に任せたいと考えるでしょう。この観点からみれば法務部は合格ですが問題は、会社全体の動きを把握していて、ビジネスのことを理解しているか、という点です。折角、大きなやりがいのある仕事なのに、法務が信頼されなければ残念です。普段から、法務がビジネスに役立っていると経営陣が感じるようにしなければなりません。

普段の仕事ぶりが重要

そうすると、どのように経営陣から信頼されるかが重要になります。

それは、普段から、法的問題の有無をコメントするような仕事ではなく、一緒に知恵を出しあい、社内の取りまとめなどでリーダーシップを発揮する仕事をすることです。こみ入った問題を整理し、他部門をリードする仕事を任せられる信頼は、一朝一タには築けないのです。
例えば、契約書のチェックが仕事だからといってビジネスの中身に関知せず、表面的な検討に終わらせるのではなく、ビジネスのリスクまで理解し、その対応状況を確認し（2章7）、法務としてのアイディアも示して、相手に「違和感」を聞く（2章2）など、様々な方法で、ビジネスに対する理解を深め、相手にもそれを認めてもらうべきなのです。

経営陣との調整術！

法務部も、大きなやりがいのある仕事を任されることがあります。普段から、ビジネスを任されるような仕事を心がけましょう。

6

経営陣は意外と議論が大好き

議論をするのが仕事のはず

どこまでお膳立てするのか

役員は皆忙しそうだから、説明資料もイエスかノーですぐに結論が示せるように、話を整理してからしないといけない、と考えるビジネスマンがたくさんいます。

たしかに、国会で法案が審議される際、それがいわゆる政府提案の議案の場合、所管の官公庁がいわゆる「ポンチ絵」と言われるA４一枚の説明資料を作成するのが普通です。国会議員に、法案の概要を理解してもらうのが目的です。

議論をするのが仕事である国会議員ですら、「ポンチ絵」が必要なのですから、会社役員への説明に至っては、もっとわかりやすく、議案を躊躇なく承認してもらえるように、事前に全ての疑問を払しょくし、根回しを完了させておかなければならない、と考える人が出てくることも、仕方が無いことかもしれません。

経営陣の役割

けれども、特にリスク管理に関する問題提起が中心となる法務部としては、最初から議論を小さくまとめてしまうことは好ましくありません。さまざまな問題への広がりや影響を議論してもらうべきですから、「ポンチ絵」のように議論をまとめるための資料は向いていないのです。

たしかに、議論のポイントが見えなければ議論は散漫になってしまい、何も建設的な結論が出ませんが、それで終わらせるのではなく、むしろそこから議論が発展することが重要です。

すなわち、単に経営陣の言質を取る、という発想ではなく、経営陣には大きな視点からの議論と決断を期待する、という発想が必要なのです。

経営陣も議論が好き

このように経営陣をけしかける、という観点は、経営陣から嫌われるのではないかと心配されますが、意外とそうではありません。

経営陣は意外と議論が大好きだからです。

たしかに、面倒くさい案件に、長ったらしい説明資料がついていると、経営陣も嫌気がさし、真面目に取り扱ってくれません。

けれども、会社の進むべき方向に関わるような重要な案件となると話は別です。自分の立場にも関わるような重大な問題ですから、議論するモチベーションは十分です。むしろ、そこから自分の活躍の場を見つけるために必死に議論し、自分の存在価値をアピールしようとします。

このように、経営に関わる役員の立場に関わる問題では、役員も積極的に関与しますので、法務部は議論を促すことも臆せず提案すべきです。

議論をしてもらう提案

特に法務部のように儲け話を提供できない部門としては、威勢よく「この調子で頑張れ！」というような議案ではなく、会社の体質改善や問題対応など、コストのかかる話ばかりです。後ろ向きな案件が主流になりますが、ひるまずに、経営陣にたくさん議論してもらいましょう。

経営陣との調整術！

役員に対して、どうしても遠慮してしまいますが、役員としての仕事を果たしてもらうべく遠慮せずに積極的に提案しましょう。

7

法務こそ？　「他人事」スタイルの役員あしらい

なぜそこにいるのでしょうか？

二種類の役員

経営陣と法務部の関係で、最後に検討したいテーマが、常に一歩引いた「他人事」スタイルの役員とのコミュニケーションのとり方です。

たしかに、監査や社外取締役など、株主側の立場で経営をチェックする立場の役員（このような整理の仕方の意味を知りたい方は、『経営の技法』（中央経済社）を参照してください）であれば、事前の意思決定への関与を控えられたとしてもまだ理解できます。

けれども、株主から経営を託された経営者の側の役員でありながら、一歩引いた「他人事」スタイルの役員は、取扱いが厄介です。経営者側の役員ですから、本来は他人事ではいけないはずなのに、熱心に働いている経営者をあざ笑うような言動をとっているからです。

見極める必要性

経営判断などに参加・貢献している様子が無いのに、役員のままとどまっているのは、株主からのガバナンス上の追及が緩いか、社長がその役員を必要と感じて守っているか、本来であればこのどちらかしか無いはずです。

このどちらなのかを見極めないと、距離の取り方や付き合い方がわかりませんので、まずは、仕事を一緒にしてみて、どのような理由で一歩引いた「他人事」スタイルでいるのかを確認しましょう。つまり、ガバナンスの追及の緩さが理由であれば、経営にとって毒にも薬にもならぬ可能性が高く、そうであれば、仕事の上での影響もあまり大きくないはずです。

他方、社長が必要と感じているのであれば、社長が後ろ盾ですのでそれなりの影響力がありますし、その役員に与えられている役割に配慮しなければならないのです。

法務部の関わり

関わり方ですが、曲がりなりにも役員として経営判断をするメンバーですので、いずれ役員会にかかる案件に関し、その役員に事前相談に行きましょう。全ての役員に当事者意識を持ってもらうのも法務の仕事の一つです。その役員にも、所管する業務があるはずであり、その所管業務について法的な懸念があれば、事前に相談することに問題は無いはずです。

これに対し、デュープロセスの観点からプロセスを守ることが重要で、レポートラインにいない役員に事前に相談することは問題がある、という意見も出てきそうです。けれども、デュープロセスは十分な検討がされることを問題にしますが、レポートラインを守ることは重要な問題ではありません。レポートラインは、柔軟な対応を否定するものではないはずです。しかも、法務部の業務は会社業務全体に関わる法的リスクの管理ですから、全ての業務が法務部の本来業務に関わりがあります。

問題があるとすれば、法務部がその役員の下にいる部長などを経由せずに直接役員と接触することでしょう。権限移譲先から話をしてもらわないと、話がズレてしまうからです。

したがって、その役員に話を聞く際には、法務部の担当役員を通しましょう。役員同士で話すことは、何の問題も無いはずです。法務部も社内政治と無関係ではありません。社内政治もツールであり、担当役員もツールであると考え、担当役員にも仕事をしてもらいましょう。

経営陣との調整術！

役員に職責を果たしてもらい、経営陣に適切に経営判断をしてもらうことも、法務の役割です。役員のスタイルや力量も見極めましょう。

社会人1年目です。司法試験以外に、仕事に生かせそうな資格は、何がありますか？

あなたは、今の会社でビジネスマンとして頑張りたい、というイメージをお持ちのようですね。

私の場合、例えばNY州の弁護士の資格は、当時在籍した米国会社の業務に役立つことが理由で取得し、日本の証券アナリストの資格は、当時在籍した証券会社の業務に役立つことが理由で取得しました。これらの資格が私のメインの業務に直接必要なわけではありませんが、それぞれの会社で、米国本社とのやり取りや、証券アナリストたちとのやり取りに役に立ちました。さらに、それぞれの会社の業務を深く理解する上でも有意義でした。

あなたの場合には、私よりもより直接、資格が仕事に生かされる場面が出てくるかもしれませんね。

このように考えると、会社の中で重要とされる資格を取ることが、1つの選び方であることがわかります。例えば、技術系の会社では専門の技術者検定等があるでしょう。このような資格は、法務以外の人に相談してみるといいでしょう。実際、証券アナリストを勧めてくれたのも、営業経験の長い法務部の管理職者でした。

もう1つの選び方は、転職などに役立ちそうな資格です。例えば、税理士や不動産鑑定士、社労士などです。こちらは、自分の適性と相談することになります。

第5章

部下・後輩とのコミュニケーション

1 法務の術、分身の術

部下・後輩を育てよう

リーガルマインドの浸透

最初に社内弁護士になったとき、あるいは法務部の無い会社で一人目の社内弁護士・法務部長・法務部員となったとき、共通して、これからこの会社に法務部の役割を理解させるのが大変だなあ、と感じました。

結果的に、私のコピーのような存在を社内で増殖させることが、リーガルマインドの浸透に役立つことが実感されました。

もちろん、全人格的なコピーは気持ち悪いだけですし、不可能ですから、コピーと言っても、同じようなリスクに気付いて、同じように対策を考えて、同じように行動する、そういうコピーです。

コピーづくりの三つの秘訣

コピーづくりのポイントの一つ目は任せること（5章2以下）、二つ目は自分自身がブレないこと、三つ目は大事なキーワードを常に言い続けること、です。このうち、一つ目はこの5章のメインテーマですので、ここでは検討しません。

二つ目は、ブレないほうが輪郭がはっきりし、部下や後輩にとって真似しやすいということが理由になります。

注意すべきことは、「ブレない」は必ずしも「頑固」を意味しないという点です。むしろ、社内の法務部の利点は、ビジネスに合ったリスクコントロールの在り方を柔軟に考え出せる点にあります。守るべき基本と、ビジネスに合わせる柔軟さを両立させなければいけません。その両立のさせ方が「ブレない」のです。

キーワードの常用

三つ目として、実際に私が多く使い続けていたと思われるキーワードは、「デュープロセス」「リスクセンサー機能」「リスクコントロール機能」「人事を尽くして天命を待つ」「最悪シナリオ」「違和感」「あなたはどうしたいですか?」「例えば?」「イメージ描けましたか?」「なるほど」「ルール」「ツール」などでしょうか。ほとんど、この書籍で紹介している言葉です。

これらを、ある程度意識して繰り返し使っていました。部下・後輩が私の話に付き合っているときには、同じ言葉が出てくると、「あ、芦原らしいね」という感じになりますが、その感覚が私がいない場面でも表れることが重要です。「芦原なら何て言うかな、きっと『違和感』とか言い出すんだろうな」と考えてくれるでしょう。

あなたも、自分が困ったときに、先生や親だったらどう言うだろうか、どう行動するだろうか、と考えませんでしたか?

それを、部下や後輩に実践してもらうのです。聞いて知っている言葉を自分が実践するからこそ、身に付くのです。

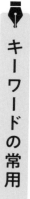

逆に、そのためには発信元の自分自身にも表現力が必要です。グダグダ言わずに、キーワードで的確にシンプルに表現できる能力です。広告のキャッチコピーのようなもので、短いキーワードだからと言って抽象的では駄目で、短く、リアルに、イメージを描けなければならないのです。

部下・後輩との調整術！

後輩や部下が育つと、会社内にリーガルマインドを浸透させることが容易になります。積極的に後進を育成しましょう。

2 させてやらねば後輩は育たじ

できる法務の山本五十六メソッド②

「やってみせ」の確認

2章7で紹介した「山本五十六のやってみせ」を、ここでは、部下や後輩を育てるツールとして考えます。5章1で挙げた、三つのポイントのうちの一つ目、任せることについて、ここから検討しましょう。

任せることが大事

例えば、議事録を作ってもらうところから始めてみましょう。

議事録も、簡単そうに見えて難しいものです。逐語版でしっかりとテープ起こしすべき会議もあれば、各々の発言の意を正確に汲んでポイントだけを明確にする要約版にすべき会議もあります。特に後者の場合には、ポイントを見極め、議事録の影響力まで配慮した表現が必要です。自分のかわりに後輩や部下が議事録を作れれば、第一段階卒業です。

次に、打ち合わせを仕切らせましょう。

議事録作りは、打ち合わせを仕切るための予行演習です。これによって、打ち合わせのポイントは見抜けるようになってきますから、さらに進んで、上手に話を聞き出し、論点を整理し、段取りをつけ、事業部門にやらせるべきことを押し返します。会議が仕切れれば、第二段階卒業です。

そこでいよいよ、担当部門を与え、フォローさせます。どのように担当部門と付き合うのかも含めて、全体をマネージメントできれば、相当なレベルです。第三段階卒業です。

そして、これらのＯＪＴと平行して、文書作りも訓練しましょう。

任せるとなぜ育つのか

任せるタイプの育成が、何でもコントロールしようとするタイプの育成と異なる最大のポイントは、指示を待たず、自分で判断しなければならない点でしょう。

指示される側でいる限り、判断ミスをしても、指示をした上司のミスですから、しょせん他人事です。今後は判断ミスを減らして欲しいと祈るだけです。

けれども、自分の判断の責任が問われる場合には、判断ミスを減らすために自分で対策を考えます。教えてもらうだけでなく、自分で考えてつくり出さなければならないことがたくさんあるのです。

つまり、自分でつくり出せるということは、他人のつくり出した枠を超えられることであり、成長や変化が可能になるのです。

恐怖に打ち勝つ

とは言うものの、「法務部長は辛いよ」（3章**6**）で検討したように、他人に任せることは、非常に辛いことです。任せた部下や後輩の失敗は自分の責任になるからです。

けれども、他人に任せる恐怖に打ち勝たなければなりません。そのための具体的な方法は5章3から5で検討しますが、細々と指示したり口出ししたりするのではなく、任せた部下や後輩が活躍できる環境づくりをしたり、適切な声がけをしたりして、任せる側としてできることをしっかりとやりつくすことがポイントです。「人事を尽くして天命を待つ」方法をここでも応用するのです。

部下・後輩との調整術！

人に任せることは、人材を育てることにつながり、それによって経営基盤の強化や業務の多様化につながっていくのです。

3

法務の人材育成術①

見せる背中、見る背中

「見せる背中」

部下に仕事を任せる場合のツールの一つ目が、この「見せる背中、見る背中」です。

このうち、前半の「見せる背中」はイメージしやすいでしょう。いわゆる「親父の背中」「子は親の背中を見て育つ」と言われる場合の「背中」が、「見せる背中」なのです。

これは、このように物事に取り組むのだ、という姿勢や意識を行動によって伝えていく方法です。ただ、手本を見せる無言の指導ですから、任せる指導とは趣が違います。

「見る背中」①――離れて見守る

任せる指導というテーマに合うのは、後半の「見る背中」です。「見る背中」の場合には、自分の背中を部下に見せますが、「見る背中」の場合には、部下の背中を上司が見ます。

このポイントの一つ目は、口出しを控える、という点です。「見る」というのは、口出しをせずに「見守る」という意味に考えるべきなのです。これは、子供が遊んでいるのを親が離れて見ている場面を想像すると理解できます。その子供が転んでしまっても、すぐに助けに行かずに見守ることが大事です。すぐに周りに助けを求めず、しっかりと自分で起き上がる意識を育てよう、という教育です。

同じように、仕事でも部下に口出しをせず、問題に直面したときに自分で解決しようとする意識を育てよう、という教育が「見る背中」になるのです。

「見る背中」②——関心を持つ

ポイントの二つ目は、部下に対する関心を持つ、という点です。先ほどの子供を見守る事例でも、何かあればいつでも助けに行ける状態でスタンバイしているはずです。「見守る」と言う以上、無関心ではありません。子供に対する関心があるからこそ、です。

同じことを、部下の指導にも適用しましょう。

つまり、任せた仕事をちゃんと処理しているのかどうか、何かあればいつでも助けに入れるようにスタンバイしながら、その様子を観察します。ただし、口出しはしないのです。

例えば、任せた業務に関するメールのやり取りでは、自分をＣＣに入れさせます。やり取りの様子から、何か異変が生じていないかをモニターするのです。

そして、時々、「あの仕事、上手く進んでいるようだね」等と声を掛け、放置されておらず、背中を見られていることを部下に実感させるのです。

距離感

この二つのポイントからわかることは、距離感です。
すなわち、「背中」から見るのであって、「正面」から顔を覗き込むのではありません。正面から見ると、相手も自分の顔色をうかがってしまいますが、後ろからであれば、相手が自分で判断しなければなりません。
人によって、状況によって距離感が異なるのですが、口出ししないことと、放っておかないことのバランスを常に意識しましょう。

部下・後輩との調整術！

任せる以上、口出しはしませんが、丸投げでもありません。転んだ子供が自分で起き上がれるように見守る、そのような距離感が大事です。

4

法務の人材育成術②

雲の上を歩く勇気

前提条件

部下に仕事を任せる場合のツールの二つ目が、「雲の上を歩く勇気」です。これは、特に仕事を任せる上司の側の問題です。

具体的には、3章❻で検討したように、部下に任せることに部長として足がすくんでしまうときにも、勇気をもって部下に任せてしまおう、というものです。

これは、いわゆるプレイングマネージャーではなく、純粋のマネージャー、すなわち自分はプレーせずに人に任せる、自分はマネージメントに徹する、という場合に最も典型的にあてはまることです。

プレイングマネージャーと言うと、往年の野村克也氏が思い浮かぶように、一種憧れるものがあります。実際、優秀な選手としての能力も活用したほうが、チームの戦力を高めるからです。

けれども、中長期的には次の世代が育ちにくくなります。皆がその優秀な選手にどこか頼ってしまうからです。

実際、私がアメリカでインターンを経験した会社の中でも、チームリーダーに選ばれた優秀な従業員は、決して自分が仕事をしないようにと、研修の最中、何度も念を押されていました。自分のコピーをつくるのが最大の仕事だ（5章❶）、と言うのです。

つまり、チームの将来のためには、リーダーが戦力から外れるマイナスがあっても、リーダーはマネージメントに徹するべきなのです。

優秀な社員に見られる症状

けれども、特に優秀な従業員ほど責任感があり、チームの戦力ダウンを本気で危惧します。他方、自分の抜けた穴を簡単には埋められないという自信もあります。仮にその人をAさん（彼）としましょう。

そこで、一つ目の症状として、我慢できずに彼が自分で仕事をやってしまうという症状が表れてしまいます。

チームの他のメンバーも、やっぱり彼じゃなくちゃ、彼を現場から外しちゃ駄目だよ、という顔をしています。このように、彼が優秀であることが証明されているわけですが、だからこそ、彼を現場から離さないと他のメンバーが育たないのです。

気持ちの切り替え

二つ目の症状として、自分のレベルに届かないメンバーに対して厳しくなりすぎる、という症状が表れてしまいます。

特に、二つ目の症状は深刻です。彼は、こんな風に考えているかもしれません。

自分はプレイヤーのままでいたほうが会社のためだ。けれど、プレイヤーになってはいけない、部下を育てなければいけない、と言うなら、同じ成果が出るまで部下を育ててやろうじゃないか。今まで怠けてきたせいで仕事ができない連中だから、よほど厳しくしないと駄目だ。けれど、いつか難しい仕事をやり遂げられるほど成長して、自分を感謝するはずだ。業績を落とさず人材も育ててみせようじゃないか。

彼には、雲の上を歩く勇気が無いのです。他人に任せられず、けれど業績には拘り続ける。どこかで開き直ってもらわないと会社にとっても迷惑なのです。

部下・後輩との調整術！

人を使うことは、勇気が必要なことです。その怖さを知っているからこそ、良い管理職になりますので、思い切って開き直りましょう。

5 法務の人材育成術③

教えることは教わること

たしかに効果があるらしい

部下の育成に不安がある人にとって、人を育てることは自分を育てることでもある、という言葉が、自分を励ますツールになって欲しいところです。

教えることが自分のためになるということは、仕事以外の場でも異口同音に言われることです。

例えば、子育ては自分育て、と言われることがあります。また、他人に勉強を教えることが自分の勉強になるという考えに基づき、先輩が後輩に勉強を教える活動を中心とした司法試験受験サークルに、私は大学時代所属していました。

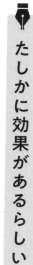

たしかに、教えることは教わることです。この言葉を励みに、是非、後輩や部下の教育に取り組んでください。

理解の確認

教えることが教わることになる理由を検討しましょう。

それは、理解の深さにポイントがあります。どのような学問でも共通しますが、授業を聞いて理解した気になっていても、実際に試験になると点数が取れないことがよくあります。やはり、実際に練習問題や過去問をたくさん解いて、知識を使いこなせるようにならなければ、本当の理解にならないのです。

そして、練習問題や過去問と同じように、人に教えることが、自分の理解を確認して使いこなすことにつながるのです。

新たな発見

さらに、理解の確認だけでなく、新たな発見にもつながります。

それは、例えば素朴な質問であったり、よく考えられた質問だったりしますが、教えられる側の反応がきっかけになります。言われてみると考えたこともなかった、なるほど、ここそこが繋がるようだね、というような発見です。

実際、尊敬する有名な労働法の大家と言われる先輩弁護士は、私に盛んに講演や研修の講師をするように勧めてくれました。その理由は、講師をすると、その度に新しい発見があるからだ、というのです。それは、研修の予習や準備の過程での発見だけでなく、話しながら突然閃くことがある、というのです。

私も、最近研修を依頼されることが増えましたが、研修中に実際何度か閃くことを経験しました。ある程度緊張し、伝えようとすることを一所懸命考えながら、イメージや論理を組み立てていると、その集中力が何かを閃かせるのではないでしょうか。

人間関係の構築

さらに、部下や後輩と、教育指導を通してできる人間関係も重要です。管理職は、感情を持った部下をリードするのが仕事ですから、部下や後輩との信頼関係がその根底になるのです。

部下・後輩との調整術！

後進の指導は積極的にしましょう。理解を深め、新たな発見をし、コミュニケーションが深まるなど、様々な財産が得られます。

6 ダメ上司にならないために

人事権で遊ばない

人事権とは

管理職は人事権を与えられています。これは、従業員一人ひとりが会社と結んだ労働契約が根拠になります。単なる役務の提供ではなく、チームの一員として働くことを約束しているからです。

会社は、チームの一員として働く、という約束を束ねて「人事権」を持っていますが、それを、チームを束ねるリーダーである管理職に権限移譲しています。

例えば、このチームはお客さんに直接会う仕事だから、身だしなみはいつもこのようにしろ、というルールや、目標設定と人事考課、配置転換などが人事権です。

これは、組織が組織として持続的に活動するために使われるべきものです。さらに言うと、管理職は人事権を上手に使って、チームに活気を与え生産性を高めることが期待されるのです。

ハラスメントはほぼ人事権の濫用

この人事権を濫用したのが、セクハラやパワハラなどのハラスメントです。部下は、上司の無理な要求であっても、人事権があるせいで言うことを聞かなければいけないことがあるからです。

殴れば犯罪（刑事責任）です。明らかに名誉を棄損すれば不法行為（民事責任）です。ハラスメントはこれらよりもさらに「低い」違法性で成立しますが、これは人事権が背景にあると考えて良いでしょう。

管理職は、人事権を濫用してはならないのです。

人事権は切れ味のいいナイフ

　ところで、労働法の専門家として多くのハラスメント事案に関わったり調査したりした経験上、ハラスメントをする管理職にはある程度特徴があるように思えます。その中で最も特徴的なのは、人事権をおもちゃにする管理職です。

　例えば飲み会で、「君はそんなこと言っちゃうけど、良いのかな？　たしか、離島の所長から誰か送り込んでくれと頼まれてんだよねぇ。」等と言って笑いを取ろうとするタイプです。

　けれども、これはナイフの刃を相手のほほにペチペチ当てながら、相手がビクッとする様子を楽しんでいることと同じです。人事は、会社人生を大きく花開かせたり、大きく転落させたりするもので、最大の関心事なのです。

　しかも、手元が狂うと、ナイフの刃は皮膚を切り裂き、時に大きな事故につながります。普段から人事権をおもちゃにする管理職が、人事権の扱いを誤ってハラスメントをしてしまう可能性が高いのです。

人として健全なコミュニケーションを

別の見方をすると、人事権に頼るタイプには、部下とのコミュニケーションをとるのが下手な人が多いように思います。人事権で部下を脅して仕事をさせることがないよう、健全なコミュニケーション力を身に付けましょう。

部下・後輩との調整術！

人事権を会社のために使うべきなのに、自分のために使うことが、そもそもの間違いです。管理職の基本の「き」です。

＼ 法務と司法試験 ／

法務をやってみて、司法試験に興味が出てきました。司法試験を受けて、何か役に立ちますか？

私の元部下（当時の法務部員）の何人かが、司法試験を受けて合格し、弁護士になりました。

その後のキャリアは様々です。有名な大手法律事務所に就職した人、社内弁護士として活躍している人、等です。幸せと感じているかどうかは私にはわかりません。しかし、選択の幅が広がったことは間違いありません。

さらに、プロセスに価値があります。

何かチャレンジすることがある、ということは、生活に張りを与えてくれます。学生時代の受験は「やらされ感」が伴いますし、特に法律の場合、世間を知らないのに世間のルールを勉強するので、非常に苦労します。

仕事をしながら勉強することは、色々なことを犠牲にするので大変だけれども、失うことの代わりに、上記のとおり得るものもあります。この両方を、自分自身の適性や意欲に照らして比較してください。実際、私も社内弁護士時代にNY州弁護士や証券アナリストの資格を取りました。きつかったけれども、これらの資格が、私自身の自信となるとともに、機会を増やしてくれています。

ロースクールに行って司法試験を受けよう、と簡単にお勧めできませんが、メリットとデメリットを冷静に考えれば、あなたにとって良い結論が出るはずです。

第6章

社外とのコミュニケーション

1

嫌な相手にこそ、ニコニコと事務対応

ニコニコ事務対応

困った状況

苦情客やクレーマー、暴力団関係者など、対応に手間ばかりかかり、生産性が全く認められない相手がときどき登場します。こっちだってやらなければならない仕事があるのに、こんなことで時間を取られると思うと、腹立たしくなってきます。

けれども、経験のある人ならおわかりの通り、ぞんざいな対応をするとさらに相手が理不尽な要求を強め、さらに対応に時間を取られてしまいます。

しかも、時間だけでなく神経をすり減らしますので、対応が完了してもすぐには次の仕事に手がつきません。

何とかうまく対応する方法はないでしょうか。

必殺技はない

最初に残念なお話です。

クレーマーなどを一発で黙らせる方法はありません。逆に、下手をするとクレームを激しくさせてしまい、事態を余計にこじらせるだけになってしまいます。

例えば、「もうすでに何度も説明している、これ以上話すことはない！」と啖呵を切って電話を切ってしまうとどうなるでしょうか。もう一度電話がかかってきて、こちらの剣幕以上の剣幕で怒鳴り始めます。「今の電話は録音してんだぞ。ＳＮＳで拡散してやる」「お前、客の話を一方的に遮って怒鳴るとは何だ。消費者庁に通報してやる」などと、勢いに火がつくのです。

地味で着実な対応

クレーマー対応は、地味で着実な対応が基本です。

そのためのツールの一つが、ニコニコ事務対応です。

これは、相手をバカにせず、かと言って卑屈にならずに応対することを目的としま
す。つまり、明らかなクレーマーにも一般顧客と同じ対応をする、ということです。

頭ではわかっていても、同じ話を繰り返されたり、「もっとましな回答はできない
のか、バカが!」と言われたりすると、イラっときて、つい怒鳴りそうになります。
あるいは、怒らせてはいけないと過度に警戒し、つい卑屈になってしまいます。

こうした感情は、いずれも、相手のペースに乗せられている表れなのです。

そこで、ニコニコとしながら、「お客様、大変申しわけありませんが、当社はお客
様のご要望には応じられません。」という回答だけを、何百回も繰り返すのです。ケ
ンカを売るのではなく、卑屈に妥協しない対応をするのです。

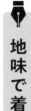

効き目の理由

「ニコニコ事務対応」が効く理由ですが、①揚げ足を取る口実を与えない、②相手から怒鳴った場合、正しい会社と悪質クレーマーという図式ができてしまうことに相手も気付く、③こちらも感情的にならずに済む、④会社の正式見解だけを繰り返せば相手から文句がつきにくい、⑤これ以上続けても無駄だと相手に思わすことができる、などです。

社外との調整術！

ビジネス相手が、ニコニコ事務対応をしてきたら本音が見えず、手強いものです。クレーマーにも、同じ思いをしてもらうのです。

2

お客様は神様ではない

スイッチの切り替え

弊害

誰が言い始めたのか、「お客様は神様」という言葉が、クレーマーを増長させ、日本の会社の過剰サービスをつくり出し、国際競争力を低下させています。

品質に関係の無い、どうでもいい苦情全てに誠実に対応してしまうため、余計なコストがかかってしまうだけでなく、ガラパゴスと言われるような、日本だけでしか通用しない商品・サービス（中には素晴らしいものもありますが）が競争の中心となり、結果的に、日本企業の商品やサービスの規格が世界標準規格から大きく外れてしまうのです。

お客様は王様

お客様は、神様でないとするとお何様でしょうか？

私の経験で、最も的確に表現していると思うのが、「お客様は王様」です。王様も神様と同じようにとても偉そうですが、例えば「裸の王様」と言われたり、マグナカルタで縛られる王様がいたり、他国に攻め込まれて殺される王様もいたりしますので、とりあえず持ち上げておけ、というニュアンスも読み取れます。勘違いしたクレーマーなどを揶揄するのにちょうどいい感じです。

ただ、現実はもっと厳しく、過剰なクレームや脅しに現場が疲弊しています。そのような現場を救うためには別の位置付けが必要です。相手を「王様」と言っている限り、相手が自滅してくれる場合以外にこちらから何もアクションが取れないからです。

別の位置付けとして、もともとお客様だったのだから中立的な評価がされてもいいのではないか、例えば「お客様だけど他人」のような表現はどうか、という意見があるかもしれません。

けれども、現場で対応に苦慮している担当者にとって、「他人」という位置付けにはあまり価値がありません。ビジネスの世界の「他人」は、将来もしかしたらお客様になってくれるかもしれない、というカテゴリーですから、粗雑に扱うことは許されず、まして関係遮断のための強硬策などもってのほかです。将来の顧客の可能性があると考えてしまうので、クレーマーの執拗な攻撃を封じるための選択肢が相当狭められてしまうのです。

お客様が敵に変わるとき

むしろ、クレーマーなどは、お客様はおろか、他人でもなく、むしろ敵である、という位置付けを正面からすべきです。というのも、会社にお客様だと信頼させておいてから裏切っているからです。見ず知らずの泥棒が家に入るよりも、友人として家に招かれてから盗むほうが、手段として卑劣で、態様としても悪質だからです。

この点は、自営の飲食店などが、クレーマーを出入り禁止にするなどの自衛策をとるように、社会常識に含まれる類の真理です。まずお客様として会社に接触してきて、会社のサービスの中に入りこんでから、好き勝手にクレームと要求をぶつけ続ける人は、敵と認識し、排除と防衛に専念する、という発想が、まずもって必要です。その上で、クレーム対応のノウハウにある対応を積み重ねるのです。

例えば、契約解除や損害賠償の請求も、お客様相手ではなく敵相手と考えれば、やりやすくなります。苦情電話による営業妨害などについては、民事上の手段として、架電禁止の仮処分の申立てや、刑事上の手段として、被害届けや刑事告訴も検討対象に入ってきます。対応の幅が広がり、実効性も上がるのです。

社外との調整術！

相手を敵と認識すると、会社の対応方針も変わります。まずは防御態勢を確立することです。神様と位置付けてしまうと、トラブルがさらに大きくなります。

3 担当者が狙うこぶしの下ろしどころ

トラブル対応のミソ！

突っぱねるだけでは駄目な場合

苦情客、クレーマー、暴力団関係者など、お客様のフリをした敵（6章2）に対して、会社は余計な譲歩をすべきではありません。ちょっと脅せば簡単に利益を得られることが知られれば、ハイエナ達が群がってくるからです。

けれども、会社に落ち度がある場合もあります。

例えば、クレームの発端が会社の営業車の脇見運転による交通事故や、会社の製品やサービスの欠陥のような場合です。

この場合、単にクレーマーの要求をはねのけるだけでは、トラブルを解決できません。最終的には、最低でも会社の落ち度に応じた責任を会社が果たさなければ収まらないのです。

そこで、ポイントはクレーマーを増長させずに、会社が適切な責任を果たすだけでトラブルを解決する方法です。

相手のある話

この解決方法を見つけるためには、最終的な落としどころの見極めが重要です。それがどんなに合理的で、社会的に評価されるような内容であっても、相手が納得しなければ話し合いは成立しないからです。

そこで、まずはトラブルの解決態様から逆算しましょう。

それは、話し合いによる解決か、裁判による解決か、という二択の問題です。クレーマーが表面上は「誠意」だけを要求し、金銭を要求していない場合でも、実際は金銭を要求しています。しかし、面子の問題など、クレーマー側にも譲れない点があるため、金銭だけでは解決できない場合、すなわち、クレーマーの「こぶしの下ろしどころ」

が見えない場合もあります。その場合には、会社の責任の程度に関し、裁判所に合理的なレベルを判断してもらうしかありません。

すなわち、目の前のトラブルに関して言えば、クレーマーの要求には応じられない旨の回答で交渉を打ち切るしかなく、それでも執拗にクレームが継続する場合には、「債務不存在確認訴訟」等を提起して、裁判の場「だけで」しか接触しない、という状況をつくり出すのです。

このように接触の機会を限定すれば、それに違反する接触に対し、警察と連携するなど、異なる対応が可能になります。

交渉可能性

他方、話し合いによる解決が可能と見える場合でも、やり方を間違えると、会社側が責任を認める部分だけが独り歩きして、会社の社会的風評が人質に取られてしまう等の危険があります。

したがって、ここでもゼロ回答で交渉を打ち切り、裁判の場に移すという方法が考えられます。

それでも交渉で解決しようとする場合には、ごねればごねるほど金額が上がると思われるわけにはいきませんので、交渉のどこかからは、この金額で請求放棄する和解書にサインするか、交渉を打ち切るかの二択から一歩も譲歩せず、ひたすらこの二択を繰り返すだけという交渉にする必要があります。

いずれにしろ、落としどころから逆算する発想が大事です。

社外との調整術！

トラブル対応の基本は、落としどころとそこに至るプロセスを見極めることです。訴訟も避けるべき事態ではなく、活用できるツールなのです。

4

契約書は法務のものではない

契約書はビジネスのツール

契約書作成業務の所管は？

ここからは、ビジネスの相手側に対する話に戻りましょう。

ビジネスに関し、法務部は経営判断に責任を持てませんから、できるサポートも限られます。

その中で、契約書を作成するのは法務部の業務だ、と位置付けられている会社も多いようですが、法務部がそのビジネスに関して責任と権限が無い限り、このような位置付けは適切ではありません。

契約書の機能

その最大の理由は、契約書の本来の機能です。

法的には、権利と義務が定められていますが、ビジネスとして見ると、両当事者がどのような取引でどのように儲けようとしているのか、というビジネスの内容と、両当事者の役割が記載されています。そこには、どちらの当事者がどのような役割や責任を負うのか、ということが定められますが、その内容は、ビジネスモデルの一部です。

例えば、普通の取引であれば直接書類がやり取りされるが、ここでは情報管理を一元化するために情報管理部門を通すのがミソ、という場合、これを知らされていない法務部は、情報管理や事務ミス防止の観点で直接やり取りすべきであるという意見を言ってしまいそうです。

けれども、そのようなリスクを上回るメリットを見極めて、契約書でルールを定めるかどうかを判断をするのは、ビジネス側（実際にビジネスを担当する側）なのです。

法務部の役割

するのなら、契約書作成すらしないのなら、法務部はどんな業務に責任を負っているのか、という批判が起こりそうです。

例えば、メーカーであれば業者との交渉の最終段階で契約書類を整える「工程」の担当、というように、部門の位置付けや責任をはっきりさせなければ、法務部を部門として独立させる意味が無い、という発想です。

これに対する反論は、法務部の業務の本質から逆算して考えましょう。

まず法務部の業務ですが、法務部は会社の法的リスク全体を管理し、適切にコントロールさせ、適切に経営判断させるのが仕事、と整理すべきです。

何故なら、会社の様々な業務に関して生ずるトラブルは、全て、多かれ少なかれ法的な問題が含まれており、その濃淡に応じて一部だけを法務部の業務とするのは困難であること、むしろビジネス上の判断の際に法的なリスクがコントロールされていて、リスクを取れる状態になっているかどうかが重要であること、その他1章で検討した諸事情が指摘できるからです。

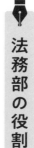

そうすると法務部は、会社全体の法的リスクの状況を把握し、適した部門にリスク管理をさせるのが、その役割になります。こうすると、所管業務が無くなってしまうように見えますがそうではありません。専門家として責任あるサポートをする点に、責任を負うのです。

社外との調整術！

各部門が契約書を最後に作ろうとするから、契約書は法務部の仕事と考えてしまうのです。契約書のやり取りをしながら社外との交渉をすれば良いのです。

5

法務もビジネス相手の職場を見ておこう

脇役も情報収集

脇役だけれども

6章4で、ビジネス側が契約書を作成しなければならないと整理しました。

そうすると、相手との交渉もビジネス側の仕事になりますので、法務部が相手の職場を見に行く理由は無くなってしまいます。ビジネス側が相手の情報を集め、交渉し、ビジネスの相手として信頼できるかどうか等を見極め、取引条件を決定して取引するかどうかを決断するからです。

けれども、それでも法務部は、機会があれば相手の職場に打ち合わせに行ったり、そこまでできなくても相手との打ち合わせに顔を出したりしましょう。

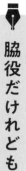

私の経験

これは、私の先輩の言葉です。

「この事務所にもいるけど、弁護士には、相手の所に行かない人多いよね。それで自分は偉いと思っている人もいそうだけど、これは本当にもったいないよ。だって、相手の所に行くと、片付いているかどうか、どんな趣味か、どんな資料が揃っているのか、事務員はちゃんとしてるか、活気があるか、とか、色々な情報が得られるもん。それに、こっちから出向くと、わざわざありがとうございますって言われたり、話しやすくなったりするし。」

その後、社内弁護士に転じた私は、時々この言葉を思い出していたのですが、社内にしろ、社外にしろ、会社の法務部にとっても当てはまることだなあ、と感じてきました。

会社法務部の場合

ここで特に問題になるのは、社外です。

ビジネス側の部門の人と一緒に相手の担当者に会うだけでも、その後のサポートがスムーズになります。

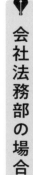

それは、自分と部門の担当者との間で、相手担当者のイメージが共有されるために、話が通じやすくなる点もありますが、相手担当者が自分を知ってくれることのメリットが大きいように思います。何故なら、法務からの指摘は、たいてい顔の見えない同士で文字だけで行われますが、文字だけだとどうしても印象がきつくなってしまいます。ところが、顔を一度でも合わせている人からの文章であれば、きっとこんなニュアンスで言っているんだろう、とリアルなイメージを重ねて読むため、印象がまろやかになります。相手担当者の、当社からの指摘や反論への抵抗感が減るので、法務のサポートも効果的になるのです。

さらに、相手の職場を見ておくことは、私の経験で示したことがそのまま該当します。法律事務所時代に比較した場合、情報の意味が変わった点を一点だけ指摘すると、職場の活気です。法律事務所の場合、所内に活気があるのは、仕事に追われていて仕事の深みが無かったりミスが多かったりするサインですが、一般企業の場合には、従業員のやる気があってモチベーションも生産性も一体感も、いずれも高いサインとなります。そして、そこに同席している相手会社の法務担当者の様子も見られます。積極的で明るいか、消極的で暗いか、によって反応がまるきり変わってきます。

だから、サポート役の法務部も相手の所に行くべきなのです。

社外との
調整術！

主役はあなた達、と部門担当者に言っておきながら、法務部も相手に会わせろ、という虫のいいお願いをするのも、現場と会社のためなのです。

6

静かなる法務の戦い

ファーストドラフトを取る

「たたき台」とのニュアンスの違い

アメリカ人弁護士から、「アメリカでは、『ファーストドラフトを取ることが契約交渉の勝負にとって一番重要だ』と教えられる」と聞きました。ファーストドラフトは、契約書の原案です。

これを日本では、謙遜の意味も込めて「たたき台」と言います。原案作成は、両当事者で一緒に契約書を作っていく作業のうちの、一番しんどい作業なため、「当社に似た取引の契約書がありますから、それでたたき台を作りましょう」等とこちらが言うと、相手の会社に喜ばれたりします。

なぜこのような差が生じるのでしょうか。

契約書の重み

一つ目の理由は、契約書の重みの違いでしょう。

日本の会社では、契約書を単なる稟議書の付属書類でしかないように考えているビジネスマンがたくさんいます。どうせ、どの契約書も大した違いはないし、契約書の定めたルールが発動することもないだろうし、結局、両者の然るべき人のハンコが揃っていることだけが大事なんだ、という発想です。

けれども、アメリカでは契約はビジネスのツールであり、気を緩めると不利な条件を押し付けられます。取引相手とは、信頼関係を一緒につくるというよりも、良い緊張関係のもとで切磋琢磨しあう、というイメージのほうが近そうです。そこでは、ファーストドラフトを取られると、どんなずる賢い条件が付されるか、気が気でないのです。

交渉方法

二つ目の理由は、交渉方法の違いでしょう。

これは、一つ目の理由よりもさらに曖昧なもので、感覚的な違いとしか言えないものです。

日本の会社では、この表現をこう変えて欲しい、と申し入れれば、相手の会社は比較的あっさりと受け入れてくれるのに対し、アメリカの会社では、変える理由を説明して相手を納得させなければ、変更が受け入れられない傾向があるように思います。

もちろん、日本の会社でも大きな会社の定型的な契約書になってくると、変更の申し出が通らない場合が増えてきて、それでも変更してもらうためにはそれなりにしっかりした理由や政治的な力など、とにかく相当な根拠が必要になります。

しかし、まずは信頼関係をつくろう、ではなく、まずは切磋琢磨しよう、という発想があるからこそ、大抵は相手の申し入れに簡単に応じられないようです。これは一つ目の理由にも関連します。

ファーストドラフトを取りに行く場合を見極める

このように見ると、相手との関係や契約内容に応じて、ファーストドラフトにこだわる事案を選んでも良さそうです。すなわち、商品やサービスの内容がまだ安定していない場合や、相手との信頼関係がまだない場合などには、こちらからファーストドラフトを取りに行く、という方針です。

日米どちらが正しい、ではなく、それぞれ使い分けるのです。

社外との調整術！

自社に雛型があると、それを使えれば相手の契約書の理解の過程が不要になるので楽、というメリットもあります。

7 法務の知らない現場の事情を知る

心の会話

メッセンジャーでしかない担当者

ここで紹介する「心の会話」というツールが活躍するのは、本来契約交渉や契約書の作成を担当すべきビジネス側（6章4）の担当者が、契約書の記載に関してメッセンジャーでしかない場合です。

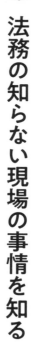

この場合でも、法務部がしゃしゃり出て直接先方とやり取りすることは控えたいところです。やはり、現場のビジネス側担当者が自分の仕事として認識し、ビジネスのツールとして契約書を活用して欲しいからです。

その場合、「心の会話」というツールを用いると、担当者に自分で先方と折衝するきっかけを与え、結果的に担当者をサポートすることになるのです。

具体例

まず、現場の担当者がメッセンジャーでしかないということは、どういう状況から判別されるでしょうか。

その典型は、契約書のとりまとめ作業中に、先方からの修正依頼について何の解説も付けずに法務部に検討依頼してくる場合です。法務部が、「この修正依頼はどういう背景で付けられたのでしょうか。」と質問しても、「説明がなかったのでわかりません。」などと回答される状況です。これで、現場担当者は間に入っているだけで、自分の頭は使っていないことがバレてしまいます。

そこで、「心の会話」が登場です。

「この修正依頼の表現は、AともBとも解釈できます。他の条文の修正に合わせての修正のようなので、先方はAと考えているのかもしれませんが、Bと解釈できる余地をわざと残して、あとで当社に強硬に条件変更を求めてくることを考えているかもしれません。」

「そこで、先方にこの修正依頼の『その心は？』と聞いてくれませんか？　Aという意味だと思いますが、もしそれが修正依頼の『心』であれば、色々解釈できそうなあいまいな表現でなく、Aという意味を明確にしたこっちの表現でお願いできないでしょうか、という趣旨の質問です。」

「当方も、修正依頼への再修正依頼の『心』を示すので、『心の会話』です。先方も理由がわかったほうが契約書として安心しますよね！」

「心の会話」の意義・効能

「心の会話」は、現場の担当者に対する教育という意味で言えば、「山本五十六のやってみせ」と同じです（2章7、5章2）。「こういうふうに先方に言うんだよ」と言ってみせ、実際に先方との折衝をさせてみせるからです。

次に、社外とのコミュニケーションとの関係で言えば、契約交渉の中で、文面の表現だけで議論するのではなく、そもそも論・立法趣旨・プリンシパルという、より根本的な部分から議論することになります。

これによって、両社間で合意されるルールも、その目的や背景が明確になり、両社で解釈が分かれてしまう危険が減りますし、実際にこのルールで解決せざるを得ない事態になっても、その解決に対して他方が文句を言う可能性が減りますので、ルールとして実効性も上がります。

社外との調整術！

「心の会話」は、社内での人材育成になるだけでなく、相手会社との合意内容を明確にし、相手会社との関係を安定させます。

8 法務と一緒にプロセスを強くしましょう

折衝チームのメンバーになろう

場面設定

重要案件の場合、相手の会社との交渉のスピードを上げつつ、同時に内容を深く検討するために、実務家同士の折衝チームをつくることがあります。そこに法務部のメンバーが入ることで、このプロセスは格段に強くなります。

私も、社内弁護士時代にこのような折衝チームに加わったことが何度かありますが、その経験をもとに、折衝チームに法務部のメンバーが加わるメリットを検討します。

会議スピードが格段にアップ

一つ目はスピードアップです。例えば、法的な論点が見つかった場合、法務部員がいなければ、持ち帰って結論を翌週の折衝の場で伝え、そこから検討が始まります。ところが、法務部員がそこにいると、その場で結論が出たり、仮の結論（翌週最終確定）が出たりします。

また、重要案件の場合には、最終的には何らかの契約が締結されます。多くの場合、折衝が終わってから契約書作りが始まります。

けれども、法務部員が折衝チームに入っていれば、折衝段階から、最終契約書に含まれるべき条件を条文の形で議論しながら、合意にまとめていくことができます。議事録に入れて両社が確認するなど、方法は色々ありますが、折衝が終わるころには、契約書の主な条項は既に確定しています。社外弁護士の最終確認が必要であれば、折衝の途中から少しずつチェックしてもらえば良いでしょう。

ビジネスの初期でリスクを把握できる

二つ目は、リスク管理です。折衝チームでの議論の中に法的なリスクが含まれていても、後の契約書作成の段階で気付かなかったり忘れてしまったりするリスクを防げます（リスクセンサー機能）。また、リスク対応について、両社がそれぞれバラバラでなく、一緒になって対応を協議できるので、リスクコントロール機能も一層高くなります。

このように、リスク管理の実効性が高まるということは、経営判断する際にリスクが小さく、コントロールされていると評価できますので、会社の選択肢も広がる（すなわち、先方との提携に踏み切る安全性が高まる）のです。

提携後の調整もスムーズに

三つ目は、提携後の調整にも役立つ点です。

これは、折衝チームでの折衝が合理的で信頼できると、提携後の問題（例えば、具体的にどのようなサービスを連携させるか、事務手続きはどのように接続するか、など）も視野に入れた折衝に深く入っていくことができるという点です。

つまり提携後の折衝になってしまうと、両社共、関係者の数が飛躍的に増えてしまい、それぞれの利害調整や合意の形成が難しくなります。

もちろん事後修正が必要ですが、提携前に大枠を決めておくだけでも、提携後の調整が楽になるのです。

社外との調整術！

提携決定後に、提携のための調査や調整を一から始めることは面倒です。法務部員を折衝チームに入れれば、この事後調整だけでなく、事前の交渉プロセスも楽になります。

社内弁護士ですが、会社を辞めるとどうなりますか？

近時、社内弁護士を辞めて法律事務所に転職する人が増えています。転職して良かったかどうかは、私が言えることではありませんが、チャレンジしたいことをチャレンジできるような環境になっている人が、比較的多いようです。

たしかに、特に都市部では弁護士が過剰気味です。

さらに、同じ社内弁護士でも、法務部長や役員など、ハイレベルの社内弁護士の場合、一方で、会社から貰っていた報酬がそれなりに高く、他方で、簡単に顧問先等の顧客を獲得できないことから、社外弁護士になると収入が減ってしまい、顧客開拓に苦労する例を多く聞きます。

けれども、若手の場合には事情が異なります。

COLUMN③で、法務出身者が社内で重宝され始めていることを指摘しましたが、これは、その状況と似ています。

すなわち、社内法務の場合、色々な部門の裏方の苦労をよく知っていて、しかも部長や課長と同じ目線の高さで部門管理に関わってきたことから、各部門を支えるブレインとしての需要が高まっています。

社内弁護士出身者も、それが若手社内弁護士であれば、まだ随分と若いのに会社の屋台骨の構造をよく理解していて、しかも新しいことにチャレンジする意欲や体力に満ちていることから、法律事務所からの需要が高まっているのです。

おわりに

私は、本書より先に「法務の技法」シリーズを刊行しています（中央経済社、2014〜）。

そこでは、本書のテーマ「コミュニケーション」に関するツールに限らず、社内弁護士に関する様々なトピックを紹介しています。簡単なことから、少し難しいことまで、また、自分自身の立ち居振る舞いの問題から、会社の組織の在り方や会社経営の在り方まで、多様な問題が詰め込まれています。

本書の企画を提案されたとき、「法務の技法」シリーズの他に何ができるのだろうか、と悩みました。これまで育ててきた「法務の技法」シリーズと本書が競合してしまって、食い合う関係になって欲しくない、できれば相互補完関係になり、Ｗｉｎ－Ｗｉｎの関係になって欲しい、という気持ちです。

そこで、戦略です。

学陽書房の実績とリサーチの結果を最大限、活用することにしました。学陽書房の伊藤真理江さんと、かなり遠慮のない話をさせてもらいました。「法律書」とは違う観点からの切り口が豊富だからです。

1つ目は、新人や法務初心者向けに絞ることです。

これで、初心者向けの窓口ができることで、「法務の技法」シリーズの新たな読者が生まれるかもしれません。少し敷居を下げて、特に若い方に気軽に読んでもらえる一冊を目指しました。

リスクを減らしつつ、Ｗｉｎ－Ｗｉｎというメリットが期待できる、という図式です。

2つ目は、「コミュニケーション」にテーマを絞ることです。

これも、切り口が違うだけで、1つ目のポイントと同じです。つまり、1つ目のポイントは、読者層、という切り口ですが、2つ目のポイントは、コンテンツの内容、という切り口です。法務の方が悩みがちな、社内調整のコツに絞ってまとめようと決めたのです。

これで戦略が定まり、腹も据わりました。やりましょう。会社の法務の悩みを少しでも減らし、逆にその魅力を感じてもらいましょう。
こんな感じです。

ビジネスに関わる法務だからこそ、やり甲斐や楽しさがあるじゃないか、そんな気分も読者と共有したい、と願っています。

2020年4月

弁護士　芦原一郎

■著者紹介

芦原　一郎（あしはら　いちろう）

〈学歴と資格〉

早稲田大学法学部（1991年）とボストン大学ロースクール（2003年）を卒業。日本（1995年、47期）と米ニューヨーク州（2006年）で弁護士登録、証券アナリスト登録（CMA Ⓡ、2013年）。

〈職歴〉

森綜合法律事務所（現：森・濱田松本法律事務所、1995年～）、アフラック（1999年～）、日本GE（2009年）、みずほ証券（2009年～）、チューリッヒ保険／チューリッヒ生命でのジェネラルカウンセル（2013年～）等を経て、現在は弁護士法人キャストにてパートナーを務める。

東京弁護士会で民暴委員会（1995年～）や労働法委員会（2006年～、副委員長:2016年～）などに所属、日本組織内弁護士協会で理事（2012年～）、大宮法科大学院（ロースクール）で非常勤講師（2009年～2010年）なども歴任。

（note）https://note.com/16361341

〈主な論文〉

「社内弁護士による労働問題への関わり」（東京弁護士会編『弁護士専門研修講座　労働法の知識と実務』／ぎょうせい、2010年）

「第三分野の保険」（落合誠一・山下典孝編著『新しい保険法の理論と実務』／経済法令研究会、2008年）

〈主な著書〉

『法務の技法 第2版』（中央経済社、2019年）

『経営の技法』（共著、中央経済社、2019年）

『法務の技法〈OJT編〉』（編著、中央経済社、2017年）

『国際法務の技法』（共著、中央経済社、2016年）

『M&Aにおける労働法務DDのポイント』（共著、東京弁護士会労働法委員会編／商事法務、2017）

『ビジネスマンのための法務力』（朝日新書／朝日新聞出版、2009年）

『社内弁護士という選択』（商事法務、2008年）

仕事がスムーズに進む
法務の社内調整術！

2020 年 4 月 30 日　初版発行

著　者　芦《あし》原《はら》一《いち》郎《ろう》

発行者　佐久間重嘉

発行所　学 陽 書 房

〒 102-0072　東京都千代田区飯田橋 1-9-3

営業部／電話　03-3261-1111　FAX　03-5211-3300

編集部／電話　03-3261-1112　FAX　03-5211-3301

http://www.gakuyo.co.jp/

振替　　00170-4-84240

ブックデザイン／スタジオダンク

DTP 制作・印刷／精文堂印刷

製本／東京美術紙工

ISBN 978-4-313-51178-1 C2032

乱丁・落丁本は、送料小社負担でお取り替え致します